Gründung einer Unternehmensberatung

Die Leuphana Case Studies sind ein Projekt, das in Zusammenarbeit mit kleinen und mittelständischen Unternehmen erstellt und entwickelt worden ist. Sie sind ein Lehrbuch, mit dessen Hilfe Unternehmen, die vor ähnlichen Herausforderungen stehen, selbige bewältigen können. Dafür ist keine Hilfe von Dritten notwendig. Auf Grundlage der einzelnen Case Studies werden den Bearbeiterinnen und Bearbeitern elementare Werkzeuge aus der wissenschaftlichen Theorie erklärt. Diese können sie anwenden, um mit den Insiderkenntnissen des eigenen Unternehmens Prozesse zu optimieren, Ziele entwickeln und erreichen oder schwierige Herausforderungen zu bewältigen.

Weitere Bände in dieser Reihe
http://www.springer.com/series/15432
Massonne, Veranstaltungsmanagement - 978-3-662-54003-9
Klöppner et al., Fachkräftemangel im Pflegesektor - 978-3-662-54013-8
Melles, Produkteinführung - 978-3-662-54001-5
Deharde, Produktionsentscheidung - 978-3-662-53997-2
Sikkenga, Shitstorm-Prävention - 978-3-662-54015-2
Göse, Sozialunternehmen - 978-3-662-54007-7
van Hueth et al., Sozialwirtschaft - 978-3-662-54005-3
Giese, Großprojektmanagement - 978-3-662-54011-4
Göse/Reihlen, Gründung einer Unternehmensberatung - 978-3-662-54009-1

Sebastian Göse · Markus Reihlen

Gründung einer Unternehmensberatung

Sebastian Göse
Case Studies
Leuphana Universität Lüneburg
Lüneburg
Deutschland

Markus Reihlen
Case Studies
Leuphana Universität Lüneburg
Lüneburg
Deutschland

ISBN 978-3-662-54009-1   ISBN 978-3-662-54010-7 (eBook)
DOI 10.1007/978-3-662-54010-7

Die Deutsche Nationalbibliothek verzeichnet diese Publikation in der Deutschen Nationalbibliografie; detaillierte bibliografische Daten sind im Internet über http://dnb.d-nb.de abrufbar.

Springer Gabler
© Springer-Verlag GmbH Deutschland 2017
Das Werk einschließlich aller seiner Teile ist urheberrechtlich geschützt. Jede Verwertung, die nicht ausdrücklich vom Urheberrechtsgesetz zugelassen ist, bedarf der vorherigen Zustimmung des Verlags. Das gilt insbesondere für Vervielfältigungen, Bearbeitungen, Übersetzungen, Mikroverfilmungen und die Einspeicherung und Verarbeitung in elektronischen Systemen.
Die Wiedergabe von Gebrauchsnamen, Handelsnamen, Warenbezeichnungen usw. in diesem Werk berechtigt auch ohne besondere Kennzeichnung nicht zu der Annahme, dass solche Namen im Sinne der Warenzeichen- und Markenschutz-Gesetzgebung als frei zu betrachten wären und daher von jedermann benutzt werden dürften.
Der Verlag, die Autoren und die Herausgeber gehen davon aus, dass die Angaben und Informationen in diesem Werk zum Zeitpunkt der Veröffentlichung vollständig und korrekt sind. Weder der Verlag, noch die Autoren oder die Herausgeber übernehmen, ausdrücklich oder implizit, Gewähr für den Inhalt des Werkes, etwaige Fehler oder Äußerungen. Der Verlag bleibt im Hinblick auf geografische Zuordnungen und Gebietsbezeichnungen in veröffentlichten Karten und Institutionsadressen neutral.

Gedruckt auf säurefreiem und chlorfrei gebleichtem Papier

Springer Gabler ist Teil von Springer Nature
Die eingetragene Gesellschaft ist Springer-Verlag GmbH Deutschland
Die Anschrift der Gesellschaft ist: Heidelberger Platz 3, 14197 Berlin, Germany

Vorwort des Herausgebers

Im Rahmen des Regionalentwicklungsprojekts Innovations-Inkubator Lüneburg wurden der Leuphana Universität im Zeitraum 2009 bis 2015 Mittel der Europäischen Union und des Landes Niedersachsen zur intensiven Förderung der Wirtschaft durch Transfer von Wissen aus der Forschung in die Unternehmen, des aus elf Landkreisen bestehenden ehemaligen Regierungsbezirks Lüneburg, bereitgestellt. Eine der insgesamt 47 in dem EU-Großprojekt durchgeführten Maßnahmen war die Erarbeitung der Leuphana Case Studies.

Gemeinsam mit Kooperationspartnern aus dem Konvergenzgebiet wurden zwölf Case Studies zu spezifischen Herausforderungen der Region erarbeitet. Die Themenfelder sind dabei sehr unterschiedlich und reichen von Fragen des Nachhaltigkeitsmanagements, über das Veranstaltungs- und Kulturmanagement im ländlichen Raum, bis hin zu Fragen der Vernetzung von kleinen und mittelständischen Unternehmen.

Dabei wurde das Konzept der wissenschaftlichen Methode Case Study mit den Leuphana Case Studies weiterentwickelt. Diese bestehen nicht nur aus einem mehrseitigen Fallstudientext, der dann von Studierenden bearbeitet wird. Die Leuphana Case Studies beinhalten ein didaktisches Konzept, mit dem den Bearbeiterinnen und Bearbeitern der Case Studies die Werkzeuge zur Lösung ihrer Herausforderungen vermittelt werden. So können die Case Studies von Unternehmen in vergleichbaren Situationen eingesetzt werden. Mit Hilfe des didaktischen Konzepts der Case Studies kann aus dem Wissensschatz der Mitarbeiterinnen und Mitarbeiter eines Unternehmens eine Lösung für die eigenen Herausforderungen erarbeitet werden.

Die Leuphana Case Studies sind in Zusammenarbeit mit den weiterbildenden Studiengängen der Leuphana Professional School entstanden. So wurden die didaktischen Konzepte bereits in der Praxis erprobt und darauf aufbauend weiter verfeinert. Die vorliegende Case Study spiegelt in weiten Teilen reale Entwicklungsprozesse wider. An einigen Stellen wurden die Darstellungen didaktisch überarbeitet.

Wir wünschen Ihnen viel Erfolg und Spaß bei der Bearbeitung der vorliegenden Case Study. Wir sind uns sicher, dass Sie Werkzeuge und Fähigkeiten erlernen werden, die Ihnen bei Ihrer täglichen Arbeit und bei der Bewältigung der Herausforderungen dort helfen werden.

Christoph Kleineberg

Vorwort der Autoren

Die Case Study „Gründung einer Unternehmensberatung" behandelt die Herausforderungen der Gründung einer Unternehmensberatung. Dabei werden Prozesse wie die Positionierung des Unternehmens im Markt thematisiert, wie auch die schwierigen Situationen, die beim Wachstum des Unternehmens entstehen können. Zuletzt werden Führungskompetenzen diskutiert und Strategien für gute Führung erarbeitet.

Sebastian Göse, Prof. Dr. Markus Reihlen

Inhaltsverzeichnis

1 **Einleitung** 1
2 **Falldarstellung** 3
   2.1 Teil 1 – Gründung 3
      2.1.1 Gründungsmotivation 3
      2.1.2 Gründungsidee und -entscheidung 6
      2.1.3 Businessplan 8
      2.1.4 Gründungsphase 11
   2.2 Teil 2 – Marktstruktur und Wettbewerbssituation 13
      2.2.1 Eckdaten der globalen Marktstruktur 13
      2.2.2 Branchen 18
   2.3 Teil 3 – Strategische Positionierung 20
      2.3.1 Unternehmensstrategien von Beratungen 20
      2.3.2 Der Akquisitionsprozess eines Projektes 21
      2.3.3 Pilotprojekt 23
   2.4 Teil 4: Wachstum 26
      2.4.1 Einstellen von neuen Mitarbeitern 27
      2.4.2 Ein neuer Partner 31
   2.5 Teil 5 – Die Krise bei Mangold Emde & Partner 35
      2.5.1 Situation 35
      2.5.2 Ursachen der Krise 36
      2.5.3 Wirkungen 37
3 **Fallzusammenfassung** 39
4 **Lehrstrategie** 43
   4.1 Allgemeine Lernziele und zu erwerbende Kompetenzen 43
   4.2 Erworbene Fachkompetenzen nach dem Bearbeiten der Fallstudie . 44
   4.3 Formalitäten 44

5	**Werkzeuge**	45
	5.1 Gründung und Entrepreneurship	45
	5.2 Branchen- und Wettbewerbsanalyse	48
	5.3 Strategische Positionierung und Wachstum	49
	5.4 Unternehmenskultur	51
	5.5 Krisenmanagement	52
6	**Ablauf**	57
	6.1 Lernaktivitäten	57
	6.2 Zeitplan	57
7	**Arbeitsblätter**	63
	7.1 Erstellung eines Businessplans	63
	7.2 Szenarien	63
	7.3 Tabelle zur SWOT-Analyse	63
	7.4 Anreizmechanismen zur Verminderung des Prinzipal-Agenten-Problems	64
8	**Anhänge**	67
	8.1 Anhang 1: Material zu Mangold Emde & Partner	67
	8.2 Anhang 2: Eigenschaften eines Entrepreneurs/einer Entrepreneurin	70
	8.3 Anhang 3: Kritische Ressourcen	72
	8.4 Anhang 4: Fakten und Daten zum Beratungsmarkt	72
	8.4.1 Aufteilung des deutschen Gesamtmarktes nach Beratungsfeldern	74
	8.4.2 Die größten Beratungen in Deutschland	75
Literaturverzeichnis		79

Abbildungsverzeichnis

Abb. 5.1	Kräfte der Unternehmensumwelt. Quelle: nach Porter 1980	48
Abb. 5.2	Ressourcen eines Unternehmens. Quelle: nach Barney 1991	49
Abb. 5.3	Endogenisierung exogener Variablen. Quelle: Töpfer 1999	53
Abb. 6.1	Lernaktivitäten	58
Abb. 6.2	Phase 1	59
Abb. 6.3	Phase 2 (Teil 1)	59
Abb. 6.4	Phase 2 (Teil 2)	60
Abb. 6.5	Phase 3	61
Abb. 7.1	SWOT-Analyse	64
Abb. 8.1	Kompetenzen von Mangold Emde und Partner	68
Abb. 8.2	Klienten- und Beraternetzwerk	69
Abb. 8.3	Liste von Projekten und ehemaligen Kunden	69
Abb. 8.4	Zahlen aus dem Businessplan für das erste Jahr	70
Abb. 8.5	Stellenausschreibung	71
Abb. 8.6	Organigramm von Mangold Emde & Partner 2007	72
Abb. 8.7	Umsatzentwicklung von Mangold Emde & Partner	72
Abb. 8.8	Kritische Ressourcen von Unternehmensberatungen	73
Abb. 8.9	Allokation der Eigentumsrechte an den 50 renommiertesten Managementberatungen. Quelle: nach Lerner 2003	73
Abb. 8.10	Beratungsfelder des deutschen Gesamtmarktes sind in dargestellt. Quelle: BDU 2014	74
Abb. 8.11	Entwicklung des Umsatzes in der deutschen Beratungsbranche in Mrd. €. Quelle: BDU 2014	74
Abb. 8.12	Wichtige Kennzahlen der Unternehmensberatungen in Deutschland. Quelle: BDU 2014	75
Abb. 8.13	Die Top 10-Managementberatungen in Deutschland. Quelle: Lündendonk 2014	75
Abb. 8.14	Die größten Beratungen in Deutschland	76

Abb. 8.15 Aufteilung verarbeitendes Gewerbe und Finanzdienstleister.
Quelle: BDU 2014 76
Abb. 8.16 Aufteilung des Gesamtmarktes nach Klientenbranchen. Quelle:
BDU 2014 77
Abb. 8.17 Anzahl der Versicherungsunternehmen in Deutschland
1990–2010. Quelle: GDV Jahrbuch 2011 77

Einleitung 1

Die Fallbeschreibung ist in vier Phasen der Gründung des Unternehmens unterteilt und gibt Hintergrundinformationen über den relevanten Markt. Der erste Abschnitt widmet sich der Gründungsphase (Abschn. 2.1), der nächste Teil beschreibt Marktstruktur und Wettbewerbssituation für Unternehmensberatungen (Abschn. 2.2) und Abschn. 2.3 stellt die strategische Ausrichtung des Beispielunternehmens dar: Zwei befreundete Berater entschließen sich, gemeinsam eine kleine Unternehmensberatung zu gründen, in welcher sie ihre eigenen Vorstellungen vom Zusammenspiel von Karriere und Privatleben und einer kollegialen Unternehmenskultur verwirklichen wollen. Nach der Gründung und der zunächst schwierigen aber schließlich erfolgreichen Positionierung der Beratungsboutique *Mangold Emde & Partner* durchläuft die Firma eine Phase des Wachstums (Abschn. 2.4), bis es am entscheidenden Punkt zu einer Krise kommt (Abschn. 2.5), aufgrund derer eine strategische Managemententscheidung getroffen werden muss.

Falldarstellung

2.1 Teil 1 – Gründung

2.1.1 Gründungsmotivation

Unternehmensberatung im Bereich Energiewirtschaft – das ist Michael Emdes Job. Seit zehn Jahren arbeitet er in der Branche – davon seit sechs Jahren bei einer führenden Strategieberatung. Er findet, dass es an der Zeit ist, über neue berufliche Herausforderungen nachzudenken. Die Aufstiegsmöglichkeiten in seinem Unternehmen selbst sind begrenzt: Der Karrierepfad in seiner Firma folgt einem rigorosen „Up-or-Out"-System, sodass es für ihn nur um den Aufstieg zum Partner gehen kann. Es ist Januar 2005 – in wenigen Monaten würde wieder das „Compensation and Promotion Committee" tagen, um über potenzielle Kandidaten zu entscheiden, denen das Angebot einer Partnerschaft unterbreitet werden soll. Ob er diesmal dabei ist?

Die Firma hat eine relativ flache hierarchische Struktur, bestehend aus Associate Consultants, Consultants, Managern, Vice Presidents (VP) und Direktoren, wobei Vizepräsidenten und Direktoren Partner sind. Ein Berater braucht normalerweise drei Jahre bis zur Beförderung in die Position eines Managers – und dann nochmal einige weitere Jahre, um als Vizepräsident in die Partnerschaft aufgenommen zu werden.

„Wenn Du zu den Besten in der Firma gehörst, dann schaffst Du es in fünf Jahren bis zur Partnerschaft, die meisten brauchen eher sieben, wenn sie bis dahin noch bei uns sind. Wir suchen hoch energetische Typen, die Unternehmergeist haben, große Teams motivieren können und wissen, wie Kundenbeziehungen in Umsätze übersetzt werden. Nicht viele bringen diese Eigenschaften mit", sagt der für ihn zuständige Partner.

Für die Firma ist das Angebot einer Partnerschaft eine langfristige Verpflichtung, denn Partner teilen nicht nur den gemeinsam erwirtschafteten Gewinn, sondern tragen auch gemeinschaftlich die Verantwortung für die Firma. Die Kandidaten werden deshalb einem strengen Auswahlprozess unterzogen, in den Berichte nahezu aller Partner, Manager und Berater einbezogen werden, die mit den Kandidaten bisher zusammengearbeitet haben.

Nach sechs Jahren bei seiner Firma fragt sich Michael Emde, ob er die Stufe des Vizepräsidenten erreichen wird. Die Anforderungen sind sehr hoch: Die Partner suchen Gleichgesinnte, die ein gemeinsames Interesse am Wachstum der Firma haben. Sie haben Akquisitions- und Ergebnisverantwortung und werden an ihrem Beitrag zum Gesamtunternehmen gemessen. Doch Emde treibt nicht nur die Sorge um, den Erwartungen womöglich nicht gerecht zu werden – er fragt sich auch, ob er im Falle eines Falles ein solches Angebot überhaupt annehmen soll. Denn die hohe Arbeitsbelastung und der immense Erfolgsdruck passen so gar nicht zu seiner neuen familiären Situation – und sein Privatleben will er nicht für die Karriere opfern. Auch die Vorstellung, eines Tages Teil der sehr eigenen Partnerkultur des Unternehmens aus hochambitionierten Individualisten zu werden, erscheint ihm wenig attraktiv. Die meisten seiner Kollegen, mit denen er vor sechs Jahren im Unternehmen angefangen hat, haben die Firma gewechselt und arbeiten mittlerweile bei einem Klienten. Doch es ihnen gleichzutun und ebenfalls zu einem der großen Klienten zu wechseln, kommt für Michael Emde nicht in Frage. Als Berater hat er autonomes und informelles Arbeiten schätzen gelernt und will nicht als Rädchen im Getriebe eines riesigen Unternehmens – geprägt von Machtspielen – enden.

Ähnlich ergeht es Frank Mangold, der zur gleichen Zeit wie Michael Emde bei der Firma angefangen hat und sich über die Jahre bei Versicherungsklienten einen guten Namen gemacht hat. Beide haben in den letzten Jahren zahlreiche Projekte gemeinsam bearbeitet und ergänzen sich gut: Frank Mangold ist der besonnene Analytiker, dessen Stärke als ausgebildeter Ingenieur in der quantitativen Modellierung und Analyse liegt. Michael Emde hingegen ist ein kreativer Netzwerker. Seine unkonventionellen Ideen und seine einnehmende Art haben Kollegen und Klienten gleichermaßen zu schätzen gelernt.

Beide bewerten ihre Zukunft in der Firma als ambivalent. Sie können ihre Zukunft nicht darauf bauen, den Sprung in die Partnerschaft zu schaffen. Zugleich fordern die privaten Lebensumstände mehr Präsenz in der Familie. Damit ist der Zeitpunkt für eine berufliche Neuorientierung gekommen.

Bei einem gemeinsamen Projekt im Frühjahr 2006 in London haben die beiden Berater viel Zeit für einen persönlichen Austausch. In den Abendstunden bei einem Pint Bier im Londoner Viertel Soho erarbeiten sie Ideen für ihre weitere Karriere.

2.1 Teil 1 – Gründung

Sie diskutieren verschiedene Möglichkeiten und tauschen Erfahrungen von Freunden und Bekannten aus. Michael Emde meint:

„Einer meiner besten Freunde war in der gleichen Situation wie wir. Er wollte sich und sein Umfeld verändern. Er bekam das Angebot von einer international agierenden angloamerikanischen Beratung, eine neue Tochtergesellschaft in Deutschland zu gründen und dort Partner zu werden."

In einem solchen Fall kann die neu gegründete Tochtergesellschaft von der Bekanntheit und den Geschäftskontakten der Mutter profitieren, indem bestehende multinationale Klienten auch in Deutschland betreut und Cross-Selling Effekte genutzt werden. Die Gründung einer Tochtergesellschaft im Verbund mit einer bereits etablierten Beratung minimiert zudem das Risiko des Scheiterns, da man am Anfang von einer starken Mutter unterstützt wird. Frank Mangold hat jedoch Zweifel:

„Die Vorteile einer solchen Gründung sind nicht zu verachten, aber sie löst nur die Hälfte unserer Probleme – wir wären doch weiterhin Teil einer großen Beratungsgesellschaft und können unser Geschäft nicht gänzlich so entwickeln, wie wir es für richtig halten. Außerdem müssten wir Teile unseres Umsatzes an die Muttergesellschaft abführen und es ist fraglich, ob der Markenname überhaupt stark genug ist, um wie bei unserem alten Arbeitgeber weiterhin Premium-Mandanten zu betreuen. Ich möchte nicht in einer zweit- oder drittklassigen Beratung Partner sein und Standardprodukte von der Stange verkaufen. Das passt nicht zu uns."

Als attraktive Alternative bringt Michael Emde die Gründung eines eigenen Spin-offs ins Spiel:

„Frank, einige unserer früheren Kollegen haben ihre eigene kleine Boutique-Beratung aufgebaut und sich erfolgreich auf ein enges Beratungsfeld spezialisiert. Als Gründer und Unternehmer genießen sie die Vorzüge der Selbständigkeit und können ihren Arbeitseinsatz nach individuellen Präferenzen skalieren und damit Beruf und Familie viel besser miteinander in Einklang bringen. Sollten wir nicht auch diesen Weg einschlagen und unser eigenes Spin-off, zunächst mit einem Fokus auf Strategie, gründen? Da kennen wir die Probleme, verfügen über gute Geschäftsbeziehungen und könnten für den Start sicher ein paar Klienten für unsere neue Firma abwerben!"

Diese Alternative hat den Nachteil, dass sie ein erhöhtes unternehmerisches Risiko tragen müssen, da es keine Muttergesellschaft gibt, die potenzielle Verluste auffängt. Die beiden besprechen diese Idee sorgfältig und am Ende ist auch Frank Mangold trotz der Bedenken überzeugt: „Ja, so machen wir das!"

2.1.2 Gründungsidee und -entscheidung

In den nächsten Wochen schließen Frank Mangold und Michael Emde, euphorisiert von ihrer Idee, das aktuelle Projekt in London schnell ab. Nach ihrer Rückkehr nach Hamburg widmen sie sich der weiteren Planung und Ausgestaltung der Gründung und berichten ihren Familien davon. Für beide ist es wichtig, eine solch bedeutende Lebensentscheidung nicht alleine zu treffen. Vielmehr besteht Einigkeit darüber, das Für und Wider zusammen mit den jeweiligen Lebenspartnern zu besprechen und sie in die Entscheidung einzubinden. Beide Familien treffen sich im Osteria Due, einem ruhigen Hamburger Restaurant an der Außenalster, um die Zukunftspläne zu besprechen. Die Partnerin von Michael Emde äußert sich sehr positiv:

> „Im letzten halben Jahr war Michael wirklich sehr niedergeschlagen wegen der Frage, wie es in Zukunft weitergehen soll. Seit dem diese neue Gründungsidee auf dem Tisch ist, sprüht er endlich wieder Lebensfreude und Enthusiasmus aus – und das wirkt sich positiv auf die ganze Familie aus! Wenn Frank und mein Mann das für die richtige Entscheidung halten und sie damit ihre Motivation freisetzen können, dann haben sie meine volle Unterstützung. War es nicht nur eine Frage der Zeit, wann das jetzige Arbeitsverhältnis beendet worden wäre?"

Frank Mangolds Partnerin ist da etwas kritischer:

> „Ich kann die Motivation gut nachvollziehen, aber ich befürchte, dass Frank dann noch weniger Zeit für die Familie hat… Wir bekommen in drei Monaten unser zweites Kind und da würde ich mir wünschen, dass Frank uns mehr unterstützen könnte. Und dann das geschäftliche Risiko… wäre es nicht besser, wenn ihr zu einem großen Klienten wechseln würdet? Die finanzielle Absicherung, gerade in unserer jetzigen Situation, ist doch nicht zu verachten!"

Darauf antwortet Frank Mangold:

> „Dagmar, Absicherung ist das eine, zeitliche Flexibilität das andere! Wenn ich eine Führungsposition bei einem unserer großen Klienten annehmen würde, dann kann ich mir erst recht nicht spontan freinehmen, wenn das nötig ist. Als selbständiger Unternehmer habe ich diese Freiheit!"

2.1 Teil 1 – Gründung

Nach Abwägung der Vor- und Nachteile treffen beide Familien an diesem Abend die Entscheidung für die Unternehmensgründung gemeinsam und sichern sich ihre gegenseitige Unterstützung zu.

Für die Geschäftsidee selbst müssen grundsätzliche Überlegungen bezüglich des Beratungssegmentes und der Unternehmenspositionierung gemacht werden. Für beide Gründer ist es selbstverständlich, dass sie weiterhin im profitablen Premiumsegment agieren wollen. Bei einer breiten Produktpalette können kleine Unternehmensberatungen allerdings keine hohen Qualitätsstandards leisten und müssen sich daher auf ein Nischensegment spezialisieren (Günther). Frank Mangold und Michael Emde entscheiden sich – ausgehend von ihrer Erfahrung – ihre Beratungsboutique mit Spezialisierung auf Strategie in den Fokusbranchen Energie und Versicherung auszurichten. Außerdem wollen sie sich auf Leistungen am Standort Hamburg spezialisieren, da es ihrer Meinung nach gerade am Hamburger Hafen viele Unternehmen mit Beratungsbedarf gibt. Die Gründer hoffen, dass sie durch die räumliche Nähe zu vielen Unternehmen mit diesen in Kontakt kommen werden.

„Wir hatten diskutiert, in welchem Segment wir unser Unternehmen positionieren wollen. Wir kamen schnell zu der Entscheidung, dass wir in dem Segment weiter arbeiten wollen, in dem wir auch vorher tätig waren. Auf diesem Gebiet sind wir Experten und können den Kunden bestmögliche Lösungen bieten. Welcher Kunde bekommt bei der Implementierung eines Projektes so qualifizierte Berater an die Seite gestellt? Bei den großen Beratungen beschäftigen sich die Seniorberater vornehmlich mit der Projektakquisition und -planung. Die eigentliche Ausführung übernehmen meist weniger erfahrene Berater, die maximal einen Manager zur Unterstützung bekommen."

„Neben dem Erarbeiten von Lösungen, helfen wir den Kunden, diese auch in ihren Unternehmen umzusetzen. Dabei binden wir die Kunden aktiv in die Arbeit mit ein, damit sie auch ohne unsere Unterstützung das Projekt weiter führen können."

Die beiden Berater genießen durch ihre breite Expertise und durch die vielen erfolgreich abgeschlossenen Projekte ein hohes Ansehen, wodurch sie sich auch ein großes Netzwerk potenzieller Kunden aufgebaut haben. Beide Gründer definieren nach ihren Erfahrungen und ihrem Wissen Geschäfts- und Teilbereiche, in denen sie arbeiten wollen. Das Erstellen des Gründungsformats und des Profils der Beratung sind die ersten essentiellen Entscheidungen des Spin-offs. Auch wenn die beiden Gründer breite Erfahrungen im Projektmanagement haben, verfügen sie über keine Erfahrungen im Management eines ganzen Unternehmens. Dies beinhaltet zahlreiche strategische, strukturelle und personelle Entscheidungen, mit denen sie bisher nur am Rande konfrontiert waren (siehe Kap. 3).

2.1.3 Businessplan

Nach dem ersten Brainstorming gehen Michael Emde und Frank Mangold zu Beginn der Gründungsphase dazu über, einen detaillierten Finanzplan zu erarbeiten, um die finanziellen Konsequenzen und Anforderungen ihrer Gründungsidee durchzuspielen.

„Darauf aufbauend entwarfen wir einen Finanzplan und eine Gewinn- und Verlustkalkulation. Unsere Analyse enthielt einerseits die erwarteten Umsätze und andererseits unsere Hauptkostenblöcke für Personal, Miete, Zugang zu Onlinedatenbanken, Versicherungen, Reisekosten und Steuern. Des Weiteren konnten wir die Kalkulation für die zukünftige Cashflow-Rechnung nutzen, um mögliche Liquiditätsengpässe aufzudecken. Außerdem erstellten wir eine Break-Even-Analyse, um zu errechnen, wie viele Stunden wir arbeiten müssen, um unser vordefiniertes Einkommen zu sichern. Unsere Honorarkalkulation sollte auch als Basis für zukünftige Angebote für Klienten genutzt werden."

Da die beiden Berater ihr Unternehmen als Beratungsboutique mit qualitativ hochwertigen Produkten ausgestalten wollen, müssen sie sich auch über die preisliche Positionierung ihrer Angebote von anderen Unternehmen unterscheiden.

„Im ersten Jahr müssen wir sicher eine Durststrecke überstehen, aber nach unserem zweiten Jahr sollten wir wieder so viel verdienen wie jetzt und danach erhoffe ich mir eine klare Steigerung über die Folgejahre."

Um sich gegen möglichst viele unvorhersehbare Ereignisse abzusichern, werden auf Basis der wechselwilligen Klienten und den daraus entstehenden potenziellen Projekten verschiedene Szenarien entwickelt:

„Wir machten eine Liste von potenziellen Kunden, die wir im Moment bei unseren Arbeitgebern betreuten oder von anderen Projekten kannten. Auf dieser Basis erstellten wir unsere Umsatzszenarien. Wir hatten zu vielen ein sehr vertrautes Verhältnis, konnten aber trotzdem nicht abschätzen, wie sie auf einen Wechsel reagieren würden. So trafen wir uns mit einem unserer alten Kunden, erklärten ihm unser Geschäftsmodell und wollten seine ehrliche Meinung wissen".

2.1 Teil 1 – Gründung

Dieser Kunde reagiert zurückhaltend auf die Anfrage, ob er Aufträge an diese kleine und neu gegründete Beratung geben würde:

„Bisher haben wir nur mit großen Beratungen zusammengearbeitet. Dies hat eigentlich zwei Gründe: Zum einen kann ich mir nicht vorstellen, dass eine kleine Beratung das gleiche leisten kann. Viele unserer Projekte sind einfach zu komplex und erfordern multidisziplinäre Expertise, die ihr wahrscheinlich nicht bieten könnt. Zum anderen ist es für mich, aber auch für meine Kollegen, deutlich schwieriger, ein Projekt mit einer unbekannten Beratung gegenüber dem Vorstand zu rechtfertigen. Bei etablierten Strategieberatungen wie McKinsey oder Boston Consulting besteht ja bereits eine starke Kompetenzvermutung. Diese müsstet ihr euch als neues Unternehmen erst verdienen."

Michael Emde und Frank Mangold sind im ersten Moment enttäuscht über diese unerwartet negative Reaktion, haben sie doch bereits mehrere Projekte erfolgreich für diesen Klienten abgewickelt. Sie versuchen aber, ihre Idee zu verteidigen:

„Die Projekte werden ausschließlich von uns und weiteren sehr erfahrenen Beratern durchgeführt. Wir begleiten unsere Klienten mit zuverlässiger Betreuung vom Start bis zum Ziel. Dabei liegt uns daran, nicht nur Konzepte zu erarbeiten, sondern diese auch mit den Mitarbeitern durch intensive Einbindung nachhaltig umzusetzen. Unsere Beratung soll sich auch an der erfolgreichen Implementierung messen lassen."

Der Kunde ist immer noch skeptisch, willigt aber nach dem Gespräch ein, den Versuch eines Pilotprojektes zu wagen. Die beiden wollen nach diesem Teilerfolg noch einen zweiten Klienten befragen. Diese Kundin reagiert deutlich offener, da sie sich die Arbeit mit kleinen und erfahrenen Teams und einer stärkeren Einbindung ihrer Mitarbeiter/innen bei einem Projekt sehr gut vorstellen kann. Mit diesen Analysen und Kalkulationen bekommen Michael Emde und Frank Mangold langsam Zuversicht, dass ihr neues Unternehmen durchaus erfolgreich sein könnte. Schon bei einer sehr konservativen Kalkulation würden sie aus der Startup-Phase mit einem Gewinn herauskommen.

„Wir müssen einfach nur die Gründungsphase überstehen. Nach vier oder fünf Monaten werden die ersten Rechnungen bezahlt und dann läuft der Laden! Das kann natürlich auch mal länger dauern, aber dafür haben wir die verschiedenen Szenarien entwickelt, um uns gegen Probleme abzusichern. Wir sollten aber auch ein Worst-Case-Szenario durchrechnen, bei dem die Ertragskraft des Unternehmens zu gering ist und wir einen Ausstieg in Erwägung ziehen müssten."

Finanzieren wollen die beiden Berater die Gründung über einen Bankkredit und mit ihrem persönlichen Sparvermögen. Neben dem Finanzplan und dem allgemeinen Geschäftsmodell beinhaltet der Businessplan auch noch die Marketingoptionen, die Möglichkeiten und Ziele einer zukünftigen Entwicklung, die Wettbewerbssituation und -position sowie die Wahl der Organisationsform. Die verschiedenen Punkte werden zur Ausarbeitung auf die beiden Gründer verteilt. Michael Emde beschäftigt sich zuerst mit dem Marketing und stellt folgende Überlegungen an:

> „Unser Geschäftsmodell beruht zu großen Teilen auf unseren Kontakten. Da wird unsere Hauptaktivität in der Pflege dieses Netzwerkes liegen."

Dieses Netzwerk soll im weiteren Geschäftsverlauf etwa über die Teilnahme an Kongressen und Mitgliedschaften in Verbänden durch neue Kontakte ausgebaut werden. Außerdem beauftragt Michael Emde ein IT-Unternehmen, einen Web-Auftritt zu gestalten. Dieser sollte durch eine hohe Professionalität die Expertise der beiden Berater signalisieren und Aufmerksamkeit erzeugen. Daneben erarbeitet Emde eine Skizze für die zukünftige Entwicklung der Beratung. Der Zweijahresplan sieht vor, dass die beiden Berater – abgesehen von einer Bürokraft – zunächst alleine arbeiten und dann sukzessive je nach Entwicklung des Geschäftes, neues Personal einstellen. Um flexibel auf diese Entwicklung reagieren zu können, entscheiden sie sich für ein Büro in der Rothenbaumchaussee in Hamburg, wo zusätzliche Räumlichkeiten nachträglich angemietet werden können. Die Lage in Hamburg ist sehr repräsentativ.

> „In zehn Jahren wollen wir zu einer mittelständischen Beratung gewachsen sein, die als Marke bei unseren Kunden bekannt ist."

Gleichzeitig muss Frank Mangold die Wettbewerbssituation im Beratungsmarkt analysieren: Neben vielen kleinen Firmen dominieren auf dem deutschen Markt wenige große Beratungen. Zum damaligen Zeitpunkt sind nicht viele Unternehmen auf dem Markt, die sich in der Nische von der neu zu gründenden Beratung angesiedelt haben (siehe Abschn. 2.2). Viele Beratungen auf dem deutschen Markt sind als Partnerschaften organisiert. Die Eigentumsrechte liegen ausschließlich bei den führenden Mitarbeitern.

> „Wir kannten diese Organisationsform von unserem alten Arbeitgeber und fanden sie für unser Unternehmen sehr passend."

2.1.4 Gründungsphase

Nach anstrengenden drei Monaten der Vorbereitungen, Recherche und Informationssammlung stellen Michael Emde und Frank Mangold den Businessplan fertig und überlegen die nächsten Schritte ihrer Gründung. Sie haben bisher keine Erfahrung mit Gründungsaktivitäten und Michael Emde schlägt seinem Partner vor:

„Sag mal Frank, arbeitet nicht Andreas bei einer Beratung, die Unternehmen in der Gründungsphase unterstützt? Wollen wir uns nicht einfach mit ihm treffen und ihm unseren Businessplan zeigen?"

Am nächsten Tag treffen sie sich mit Andreas zum Essen. Sie erzählen ihm von der Geschäftsidee und präsentieren ihren Businessplan. Nach der Lektüre ist für Andreas klar:

„Prinzipiell finde ich den Businessplan schon recht gut. Eure beiden Fokusbranchen kann ich sehr gut nachvollziehen. Hier habt ihr eure meisten Erfahrungen gesammelt und könnt euer Wissen somit am besten umsetzen. Allerdings finde ich den Beratungszweig ‚Hamburg' sehr unspezifisch. Was wollt ihr da machen? Ich kann mir nicht vorstellen, dass ihr in diesem Segment viele Aufträge akquirieren könnt. Mir fehlt da die klare strategische Ausrichtung. Ihr müsst dem Kunden genau signalisieren, warum er mit euch zusammenarbeiten sollte."

Frank Mangold antwortet darauf:

„Wir wollten uns verschiedene Entwicklungsoptionen offen lassen."

Der Freund erwidert:

„Genau das ist das Problem. Ohne ein genaues Signal an den Klienten werdet ihr gar keine Aufträge bekommen, weil es sonst immer profiliertere Beratungen geben wird. Konkret müsst ihr euch fragen, wo ihr eure Kernexpertise habt, wofür ihr bei Klienten bekannt seid und in welche Branchen ihr die besten Geschäftskontakte besitzt."

Frank Mangold entgegnet:

„Das klingt einleuchtend. Dann sollten wir uns nur auf Bereiche Energie und Versicherung fokussieren."

Andreas antwortet:

> „Das klingt doch sehr gut. Euer Erfolg hängt natürlich von den Klienten in eurem Netzwerk ab – damit steht oder fällt die ganze Sache. Was haltet ihr denn davon, an einem Businessplanwettbewerb teilzunehmen? Dort habt ihr die Chance, vor Vertretern großer Banken und anderen Geldgebern eure Geschäftsidee zu präsentieren. Außerdem bekommt ihr dort auch noch mal konstruktives Feedback zu eurem Businessplan. Ihr müsst dort eure Idee in Form eines Elevator Pitches vorstellen. Das heißt, ihr habt nur drei Minuten Zeit, die Jury davon zu überzeugen."

Die beiden Gründer diskutieren mit Andreas die Möglichkeit der Teilnahme an dem Wettbewerb und kommen dann aber zu dem Schluss, dass es für eine Beratung nicht sinnvoll ist, dort teilzunehmen: Dafür ist die Idee nicht innovativ genug – aber vielleicht könnte man als Zuschauer dabei sein, um einige Vertreter von Banken kennenzulernen. Eine Woche später sitzen Mangold und Emde bei der Preisverleihung des Wettbewerbs. Da viele Bankenvertreter anwesend sind, sprechen die beiden Berater sie direkt an. Sie erklären ihr Geschäftsmodell und die strategische Ausrichtung ihres Unternehmens. Der erste Bankvertreter ist sehr skeptisch, da sein Haus eher in technologische und innovative Unternehmen investieren will. Auch der zweite Banker ist mehr an den Businessplanwettbewerbern interessiert, als sich die Geschäftsidee der beiden Berater anzuhören. Die beiden wollten schon aufgeben, als sie ein Jurymitglied anspricht:

> „Interessante Projekte, nicht wahr? Nehmen sie auch am Wettbewerb teil? Ich habe gar keine Präsentation von Ihnen gesehen."

Frank Mangold antwortet der Bankvertreterin:

> „Wir wollten uns mal anschauen, wie so ein Businessplanwettbewerb abläuft und wollten gleichzeitig Meinungen zu unserer Geschäftsidee einholen."

Daraufhin erzählt er von ihrem Gründungsvorhaben. Die Bankerin findet die Idee sehr gut, nimmt sich ein Exemplar des Businessplanes mit und lädt die beiden Berater zu einem Treffen ein. Am Anfang der folgenden Woche gehen Frank Mangold und Michael Emde in die Bank. Die Vertreterin des Finanzinstituts hat ihren Plan gelesen und findet eindeutige Worte:

> „Die Idee ist nicht sehr kreativ, aber ich bin fest davon überzeugt, dass sie funktionieren wird. Für den Start würde meine Bank Ihnen einen Kredit von 100.000 € gewähren. Über die Modalitäten müssen wir dann im Detail noch einmal reden."

Die beiden Gründer freuen sich, dass es so schnell geklappt hat, einen Geldgeber für ihr Projekt zu gewinnen. Mit dieser Zuversicht und neuem Vertrauen kündigen sie zum September ihrem jetzigen Arbeitgeber und informieren ihre Kunden über den Wechsel. Anfang September 2005 beziehen sie ihre Büros. Frank Emdes Partnerin ist Innenarchitektin und übernimmt die Einrichtung der Büros – sie sollen seriös erscheinen und zugleich ein angenehmes Arbeitsumfeld bieten.

Danach wird die Eintragung ins Handelsregister als Partnerschaft unter dem Namen Mangold Emde & Partner vorgenommen. In den nächsten Tagen erfolgt eine Stellenausschreibung für die Stelle der Bürokraft, auf die sich auch schnell mehrere aussichtsreiche Kandidatinnen und Kandidaten bewerben. Nach drei Auswahlgesprächen entscheiden sich Emde und Mangold für eine 45-jährige Betriebswirtin, die, nachdem sie ihre Kinder großgezogen hat, wieder einen Einstieg in die Arbeitswelt sucht. Am 15. September gibt es dann die feierliche Eröffnung. Neben Freunden und Bekannten sind auch frühere Kunden eingeladen, um ihnen gleich die neue Beratung bekannt zu machen. Frank Mangold ist begeistert:

„Es ist ein tolles Gefühl, sein eigenes Unternehmen zu gründen. Das ist unbeschreiblich."

In den nächsten Monaten und Jahren wird sich zeigen, ob Frank Mangold und Michael Emde ihr neues Unternehmen zum Erfolg führen können.

2.2 Teil 2 – Marktstruktur und Wettbewerbssituation

2.2.1 Eckdaten der globalen Marktstruktur

Seit einigen Dekaden wandelt sich die Weltwirtschaft weg vom Sekundärsektor hin zum Tertiärsektor, da die Industrieproduktion immer weiter abnimmt und gleichzeitig der Dienstleistungsbereich stark wächst (Boussebaa 2009). So werden in den Industriestaaten mittlerweile zwei Drittel des Bruttoinlandsproduktes vom Dienstleistungssektor erwirtschaftet (Løwendahl 2009). Insbesondere der Bereich der wissensintensiven Dienstleistungen, so auch von Unternehmensberatungen, war in den letzten Jahren durch eine hohe Entwicklungsdynamik gekennzeichnet (Bundesministerium für Bildung und Forschung 2007). Allerdings weisen die Leistungen in der Managementberatung eine hohe Heterogenität auf, sodass Probleme bei der Abgrenzung und somit auch bei der Erstellung von verlässlichen Branchenkennzahlen bestehen. Dies ist auf der einen Seite in der Vielzahl neuer Anbieter wie Finanzdienstleistern, Wirtschafsprüfungen und Beratungsgesellschaften von Großunternehmen, die mittlerweile auch externe Aufträge übernehmen, begründet; auf der anderen Seite kann die Beratungsbranche nur schwer von anderen

Branchen abgegrenzt werden, da die Übergänge fließend sind (Kipping und Armbrüster 1999). Durch ihre geringe Professionalisierung und ihre permeablen definitorischen Grenzen werden Beratungsunternehmen auch als „The world's newest profession" bezeichnet (McKenna 2006). Mit dem Aufstieg des Managements zur eigenständigen Disziplin entstanden auf dem US-amerikanischen Markt auch die ersten Unternehmensberatungen. Die ersten Managementberatungen wurden 1886 von Arthur D. Little und 1914 von Booz Allen Hamilton gegründet. Sie entwickelten die These, dass Unternehmen erfolgreicher sind, wenn sie unterstützende Beratung von externen Experten bekommen (Rassam 1998, S. 3–30). In den folgenden Jahrzehnten gab es ein starkes Wachstum in der Beratungsbranche. So wurden in den USA 1926 McKinsey & Company, 1946 die Boston Consulting Group und in Deutschland 1967 die Roland Berger Strategy Consultants GmbH etabliert. Die frühe Einführung der Managementberatung in Nordamerika hat dort zu einem besonders positiven Geschäftsklima für diesen Wirtschaftszweig beigetragen: Im Vergleich zu allen anderen Regionen zeigen nordamerikanische Unternehmen eine größere Bereitschaft, zur Lösung ihrer betrieblichen Probleme, externe Berater zu konsultieren.

Der weltweite Umsatz von Beratungsleistungen stieg seit 1970 jährlich durchschnittlich um 16 %, wobei das stärkste Wachstum auf dem US-amerikanischen Markt zu beobachten war (Müller-Stewens et al. 1999, S. 1–153). Gründe für dieses starke Wachstum liegen sowohl in den veränderten Bedürfnissen der Nachfrager als auch in der Attraktivität und Innovativität der angebotenen Dienstleistungen durch die Beratungsunternehmen. Dabei wurde die Beratungsbranche zu einem ökonomisch bedeutenden Produzenten „neuer" Managementmethoden und prägt dadurch entscheidend die globale Wirtschaft (Groß und Kieser 2006). Um eine höhere Nachfrage für ihre eigenen Produkte zu generieren, kritisieren Unternehmensberatungen existierende Managementkonzepte und schlagen Ihre Ideen als Lösungen vor (Reihlen, Smets und Veit 2010). Beispiele wie die Portfolio-Analyse, die Gemeinkostenwertanalyse, das Benchmarking oder das Business Process Reengineering illustrieren diese angebotsinduzierte Marktentwicklung in der Managementberatung (Wohlgemuth 1995). Neben Nordamerika sind insbesondere Westeuropa mit ungefähr 33 % und die Asien-Pazifik-Region mit 6 % Weltmarktanteil bedeutende Regionen für die Managementberatung. In Europa befindet sich Deutschland laut einer Studie der European Federation of Management Consultancies Associations (FEACO) in der Rangliste der größten europäischen Märkte für Unternehmensberatungen an erster Stelle (FEACO 1998–2008).

Beratungsfelder Durch die Vielseitigkeit der Beratungsunternehmen existiert auch ein großes Spektrum an Beratungsprodukten. In einer groben Abgrenzung unterscheidet die FEACO für Europa fünf Beratungsfelder: Business Consulting, Outsourcing, Development & Integration, IT Consulting und Other Services. Das europäische Marktvolumen unterteilt sich ungleichmäßig auf diese fünf Marktsegmente. Dem Business Consulting kommt im Jahr 2009 mit 43 % die mit Abstand größte Rolle zu. Gefolgt wird ihm vom Outsourcing mit 19 %, Development & Integration mit 18 %, IT Consulting mit 14 % und Other Services mit 6 % (FEACO 1998–2008). Für den deutschen Markt erkennt der BDU eine etwas andere Unterteilung: Nach dessen Erhebung von 2009 nimmt die Organisations- und Prozessberatung mit 43 % die Spitzenposition ein. Ihr wird gefolgt von der Strategieberatung mit 23,7 %, der IT-Beratung mit 22,8 % sowie Personalberatung, Coaching und Training mit 10,5 % (siehe Anhang 7) (Bund Deutscher Unternehmensberater (BDU 2010). Es existieren für den deutschen Beratermarkt kaum Markteintrittsbarrieren. Neben einem geringen Kapitalbedarf führt der fehlende Professionsstatus zu einem vielfältigen, heterogenen und unübersichtlichen Markt für Beratungsleistungen. Auch die Vielzahl an jährlichen Neugründungen liegt hierin begründet (BDU 2010).

Trends des deutschen Beratungsmarktes Der deutsche Beratermarkt überstand die Krise von 2009 stabil und erreichte im Jahr 2010 wieder ein Wachstum von 6,9 % (vgl. Abschn. 8.4) (BDU 2010). Auch in den kommenden Jahren erwartet der BDU ein konstantes Wachstum in der Beratungsbranche (BDU 2010). Laut einer Umfrage von Lünendonk rechnet der Großteil der Unternehmensberatungen auch über das Jahr 2010 hinaus mit einem Unternehmenswachstum. 30 % der befragten Beratungen gehen für die Jahre 2010 bis 2015 sogar von einem zweistelligen Wachstum aus (Lünendonk GmbH 2010). Allerdings werden Klienten immer skeptischer in ihrer Einstellung gegenüber Consulting Unternehmen. Laut einer Befragung des BDU unter den Dax-30-Unternehmen werden diese in Zukunft die Hinzuziehung zuarbeitender Beratungen stark reduzieren (BDU 2010)

Die Klienten sind deutlich anspruchsvoller geworden und haben höhere Erwartungen an die Beratungsleistung. Dies resultiert einerseits aus der stark wachsenden Anzahl an Beratungen und der sich daraus ergebenden größeren Auswahl für die Klienten, andererseits aus den vergangenen Beratungserfahrungen der Klienten, die dadurch ein differenziertes Bild von der Leistung haben (Richter 2004). So wandelten sich in den letzten Jahren die Anforderungen an Managementberatungen weg von standardisierten Lösungen hin zu einer stärker umsetzungsorientierten Beratung. Der Kunde wird jetzt intensiver in den Prozess der Beratungsleistung einbezogen.

Es existieren nach wie vor für viele Unternehmen Herausforderungen, die eine Beratungsleistung erforderlich machen. Der Zwang zur Anpassung an sich ständige ändernde Marktbedingungen stellt hierbei eine Herausforderung dar, auf der Beratungsunternehmen vermehrt ihre Leistungen aufbauen und somit weiter wachsen können. Deshalb planen die meisten Beratungen weitere Personaleinstellungen im Bereich der Beratung, aber auch im unterstützenden Bereich (BDU 2010).

Neben der Veränderung der Klienten-Berater-Beziehung wird der Beratungsmarkt dabei zunehmend mit einem Personalmangel konfrontiert, da viele Kandidatinnen und Kandidaten mittlerweile andere Arbeitsplätze attraktiver finden. Durch die fehlende Reputation auf dem Arbeitsmarkt gelingt es kleinen Unternehmensberatungen zudem nur schwer, geeignetes Personal zu rekrutieren. Somit wird die Akquisition von qualitativ hochwertigen und gut ausgebildeten Mitarbeiterinnen und Mitarbeitern zu einem der wichtigsten Erfolgsfaktoren für kleine Beratungen (Bourgeois und Getchell 2000).

Anbieter Die Anbieter von Beratungsleistungen lassen sich in drei große Bereiche einteilen:

- Große und internationale Unternehmen mit mehr als 1000 Mitarbeitern und einem Umsatz über 45 Millionen € pro Jahr
- Mittelständische Beratungsunternehmen mit 50 bis 1000 Mitarbeitern und einem Umsatz zwischen 250.000 € und 45 Millionen €
- Kleine Beratungsfirmen, die bis zu 50 Mitarbeiter beschäftigen mit einem Umsatz unter 250.000 € pro Jahr (Barchewitz und Armbrüster 2004).

Auf dem deutschen Beratermarkt arbeiteten im Jahr 2009 nach Aussage des BDU 113.650 Berater in 13.850 Unternehmen (BDU 2010). Über die Hälfte der Unternehmen (ca. 7.500) verzeichnete einen Umsatz von unter 250.000 € pro Jahr und zählt damit zu den kleinen Beratungen. 36.825 Berater waren bei den 60 umsatzstärksten Beratungen mit einem Jahresumsatz von mehr als 45 Mio. € beschäftigt (vgl. BDU 2010). Die Kosten unterteilen sich für Unternehmensberatungen gewöhnlich in die Personalkosten (38,7 %) sowie betriebliche Aufwendungen (18,9 %) und Kosten für Fremdleistungen (11,4 %) (BDU 2010).

Die Anbieterstruktur der Beratungsbranche hat sich in den letzten Jahren stark gewandelt. Ursache dafür sind einerseits die veränderten Kundenbedürfnisse, auf die mit neuen Beratungskonzepten und einer Ausweitung der Dienstleistungen reagiert wurde. Andererseits sind diese Veränderungen das Ergebnis zunehmender Neueintritte. Darüber hinaus haben insbesondere die „Big Four" der Wirtschaftsprüfung mit der Managementberatung ein komplementäres Geschäft erfolgreich entwickelt, wodurch sie mittlerweile zu führenden Anbietern der Branche geworden sind. Setzt man das Beratungsangebot für unterschiedlich große Unternehmen in Beziehung zur Größe der Beratungsunternehmen, (vgl. Walger und Scheller 1998) dann ergibt sich ein auffälliger Zusammenhang: Kleinere Beratungsunternehmen spezialisieren sich eher auf die Beratung kleiner und mittelständischer Klienten, während die großen und hier insbesondere die global agierenden Beratungen ihre Dienste vornehmlich Großunternehmen anbieten. Die großen Beratungen investieren dazu stark in ihre Fähigkeit, komplexe und häufig langfristige Projekte durchführen zu können (Bourgeois und Getchell 2000).

Große Beratungen Gegenwärtig dominieren auf dem Weltmarkt mehrere Unternehmen die Beratungsbranche: Bearing Point, Deloitte Consulting, Accenture, IBM Global Services, Cap Gemini, Ernst & Young, Boston Consulting Group und McKinsey & Company (Heuermann und Herrmann 2003). Der deutsche Markt wird ebenfalls von großen amerikanischen Unternehmen dominiert, wobei hier die Beratung Roland Berger eine Ausnahme darstellt, da sie in Deutschland hinter McKinsey & Company und Boston Consulting Group an dritter Stelle rangiert. Diese großen Gesellschaften wuchsen stark in den letzten zehn Jahren, sodass sie in Deutschland einen Marktanteil von über 60 % erreichten (BDU 2010). Sie waren in der Lage, ein starkes globales Markenimage aufzubauen und ein breiteres Spektrum an Beratungsleistungen anzubieten. Gerade die Bedienung multinationaler Klienten macht es erforderlich, die Beratungsleistungen weltweit anbieten zu können. Der Kunde wiederum erhält durch das Engagement einer renommierten Beratung in Bezug auf die eigenen Mitarbeiter die Legitimität für beispielsweise nötige Umstrukturierungen (Kraus und Mohe 2007).

Mittelständische Beratungen Die mittelgroßen Beratungen spezialisieren sich auf bestimmte Branchen und/oder Funktionen sowie auf bestimmte Regionen (Kubr 1996). Das größte Problem im Wettbewerb mit den großen Beratungen ist zumeist die fehlende Marktreputation, die geringere Anzahl an Kontakten mit Unternehmen sowie die mangelnde internationale Präsenz, deren Ausbau erhebliche Ressourcen beansprucht.

Kleine Beratungen Neben dem Trend zu großen Beratungen entwickelte sich trotzdem eine verstärkte Nachfrage nach kleinen Beratungen (BDU 2010). Sie haben mittlerweile einen Marktanteil von über 12,8 % auf dem deutschen Markt. Sie sind Nischenanbieter und haben spezifische Expertise in bestimmten funktional, geographisch oder branchenmäßig abgegrenzten Bereichen. Darüber hinaus gibt es hoch flexible kleine Beratungen, die eine breite, generalistische Managementberatung für kleine, regionale Klientenunternehmen anbieten. Kleine Beratungen zeichnen sich zumeist durch die persönliche Beziehung zu den Klienten und, im

Vergleich zu den großen Anbietern der Branche, durch geringere Produktionskosten und niedrigere Honorare aus (Kubr 1996). Das größte Problem dieser Gruppe ist eine eindeutige Abgrenzung zu den vielen anderen kleinen Unternehmen.

2.2.2 Branchen

Die am häufigsten von der Unternehmensberatung bediente Branche war 2009 das verarbeitende Gewerbe (31,6 % des Gesamtmarktvolumens). Es schließen sich Finanzdienstleister (23,8 %), Public Sector (10,2 %), TIMES[1] (8,3 %), Versorgungsunternehmen (7,5 %), Verkehr und Gastgewerbe (5,5 %) und weitere kleinere Bereiche an. Gerade in den umsatzstarken Branchen wurde 2009 allerdings ein Umsatzrückgang verzeichnet. Mit einem Umsatzplus von mehr als 3 % konnten dagegen Versorgungsunternehmen, Groß- und Einzelhandel sowie der öffentliche Sektor aufwarten. Für das Jahr 2010 werden v. a. hohe Wachstumsraten für die Branchen TIMES (+9,6 %), Chemie, Pharma (+7,6 %) und Versicherungen (+7,2 %) prognostiziert (BDU 2010).

Mangold Emde & Partner konzentrieren sich auf die Strategieberatung in zwei Fokusbranchen. Jeder dieser Teilmärkte unterliegt eigenen Gesetzmäßigkeiten und entwickelt sich dementsprechend in andere Richtungen. Der Energiebereich hat einen Anteil von 9 % an allen Beratungsleistungen in Deutschland. Dieser große Markt befindet sich in Deutschland in einer sehr starken Umbruchphase. Der Deutsche Bundestag beschloss nach der Katastrophe in Japan 2011, in den nächsten zehn Jahren alle deutschen Kernkraftwerke stufenweise abzuschalten. Diese Energiewende zieht viele Veränderungen für die Energieunternehmen nach sich, da zur Aufrechterhaltung der Energieversorgung Alternativen zur Kernkraft gefunden werden müssen. Deshalb wird auf diesem Markt ein erhöhter Beratungsbedarf entstehen. Deutsche Energieversorger geben jährlich über eine Milliarde Euro für Beratungsleistungen aus. Nur etwa ein Fünftel des Gesamtumsatzes entfällt auf die 20 größten Beratungsunternehmen und 80 % auf eine Vielzahl kleinerer Beratungsunternehmen (Trend research 2010). Der Energiesektor birgt demnach viele Chancen, aber auch Risiken. Vorteilhaft wirkt sich das robuste Investitionsklima aus. So müssen neue Anlagen finanziert, konstruiert und umgesetzt, neue Tarifmodelle entwickelt und

---

[1]TIMES ist eine Abkürzung für die zunehmend verschmelzenden Branchen Telekommunikation, Information und Kommunikation, Multimedia, Entertainment und IT-Security (Serrao 2003)

2.2 Teil 2 – Marktstruktur und Wettbewerbssituation

Fusionen geplant werden. Nachteilig auf die Branche wirkt sich die Regulierung des Marktes aus, wodurch zwar immer noch Effizienzsteigerungen erzielt werden können, Innovationsmöglichkeiten aber eingeschränkt sind (Trend research 2010). In folgenden Themenbereichen besteht potenzieller Beratungsbedarf:

- Erneuerbare Energien
- Dezentrale Erzeugung
- Vertriebsstrategie
- Anreizregulierung
- Speichertechnologien
- Virtuelle Kraftwerke

Es gibt einige Beratungen, die in diesem Sektor aktiv sind und damit Konkurrenten für Mangold Emde & Partner darstellen. Einer der Hauptkonkurrenten für den Hamburger und Norddeutschen Bereich ist Lischke Consulting. Diese Beratung gründete sich 1994 und hat mittlerweile 50 Mitarbeiter/innen. Auch sie setzen auf erfahrene Berater/innen, die ihren Kunden vergleichbare Produkte wie Mangold Emde & Partner verkaufen. Der zweite Schwerpunkt liegt in der Versicherungsbranche. Etwa 7 % des Umsatzes in der Beratungsbranche wird in diesem Sektor erzielt. Laut dem Gesamtverband der Deutschen Versicherungswirtschaft (GDV) stiegen 2011 die erbrachten Versicherungsleistungen um 7 % auf ca. 147 Milliarden € (Gesamtverband der Deutschen Versicherungswirtschaft (GDV) 2011). Trotz immer größerer Umsätze sinkt die Anzahl der Versicherungsanbieter seit 1990 (siehe Anhang 12) und gleichzeitig steigt der Konzentrationsgrad (GDV 2011). So stehen die verschiedenen Anbieter unter einem erheblichen Wettbewerbsdruck (GDV 2011). Insbesondere das Internet hat zu einer deutlich gestiegenen Transparenz und somit Vergleichbarkeit der angebotenen Versicherungsdienstleistungen geführt. Dieser gestiegene Druck zwingt die Unternehmen zur Pluralisierung der Vertriebsstrukturen und Rationalisierung der internen Geschäftsprozesse. Gleichzeitig verändern sich Wirtschaft und Gesellschaft, wie etwa die zunehmende Zahl älterer Menschen, wodurch entscheidende Wachstumschancen in der Zukunft entstehen (GDV 2011). Einerseits stehen den Versicherungsunternehmen durch den höheren Wettbewerb weniger Ressourcen für Beratungsleistungen zur Verfügung, andererseits existiert ein höherer Beratungsbedarf durch die Veränderungen innerhalb der Branche. Auch im Versicherungssektor gibt es zahlreiche Konkurrenten für Mangold Emde & Partner. Zu erwähnen sind hier Dr. Wieselhuber & Partner GmbH und Arkwright, die jeweils länger existieren und eine höhere Mitarbeiterzahl verzeichnen

2.3 Teil 3 – Strategische Positionierung

2.3.1 Unternehmensstrategien von Beratungen

Nach Robert Grant ist „strategy […] about winning" (Grant 2005, S. 4). Um eine erfolgreiche Strategie für eine Unternehmensberatung wie Mangold Emde & Partner zu implementieren, bedarf es einer Betrachtung der kritischen Ressourcen, welche signifikanten Einfluss auf den Erfolg von Unternehmen haben: spezifische Expertise, Netzwerke und Reputation (Ringlstetter, Kaiser und Bürger 2004, S. 11–35).

Expertise: Unternehmensberatungen unterscheiden sich von klassischen Industrieunternehmen, da sie die Aufgabe haben, eher unstrukturierte Probleme ihrer Klienten zu lösen. Dies erfordert ein hohes und fundiertes Wissen in den jeweiligen Arbeitsschwerpunkten, um Wettbewerbsvorteile gegenüber Konkurrenten zu erlangen. Die Wertschaffung und der Erfolg von Beratungsunternehmen hängen also entscheidend von dem Wissen und der Erfahrung der Berater ab. Allerdings wird der Problemlösungsprozess komplexer, wenn für die Handhabung spezifischer Probleme das Wissen sehr unterschiedlicher Arbeitsschwerpunkte wie Strategie, Change Management, Personal, Recht, IT etc. benötigt wird. Neben Unternehmen haben auch öffentliche Institutionen und Behörden einen immer größeren Bedarf an Beratung, da viele mittlerweile auch unternehmerisch geführt werden. Dies erfordert neuartiges Wissen und dadurch auch neue Beratungsleistungen.

Netzwerke: Sie entstehen durch die Kooperation zwischen Personen oder Unternehmen. Netzwerke machen es auch für kleine und mittlere Beratungen möglich, sich im Wettbewerb gegen größere Konkurrenten durchzusetzen. Besonders wichtig sind hier die persönlichen Netzwerke der Berater/innen, über die nicht nur Informationen ausgetauscht, sondern oft auch ganze Aufträge vermittelt werden. In den Prozess der Beratung wird sehr häufig der Kunde mit eingebunden. Die Bereitstellung von komplexen und wissensintensiven Dienstleistungen erfordert eine stark ausgeprägte Interaktion zwischen Berater/in und Kunde. Nur so können adäquate Produkte zur Lösung der unternehmensspezifischen Probleme entwickelt werden. Diese Zusammenarbeit wird durch das Netzwerk unterstützt, da sich Berater/in und Kunde schon aus früheren Projekten kennen.

Reputation: Klienten von Beratungsunternehmen sehen sich einem Unsicherheitsproblem in Bezug auf die Qualität der offerierten und erbrachten Dienstleistung gegenüber. Diese Leistungsunsicherheit ist das Ergebnis asymmetrisch

2.3 Teil 3 – Strategische Positionierung

verteilten Wissens zwischen Berater/in und Klient, was es für den Klienten besonders schwierig macht, die Qualität der erbrachten Beratungsleistung zweifelsfrei zu beurteilen. Aufgrund dieser Leistungsunsicherheit suchen sie nach sogenannten Qualitätssurrogaten, die es ihnen ermöglichen, die Güte des Dienstleisters im Vorhinein abschätzen zu können. Als wichtigstes Qualitätssurrogat dient die Reputation, die für bestimmte Eigenschaften des Unternehmens, seiner Mitarbeiter/innen und seiner Dienstleistungen steht. Es können drei Formen von Reputation unterschieden werden, deren Transport über unterschiedliche Mechanismen erfolgen kann: Der Ruf und das Image eines Unternehmens werden demnach (1) über öffentliche Medien und Berichterstattung (öffentliche Reputation), (2) über persönliche Netzwerke und Referenzen (Netzwerkreputation) und (3) durch eigene Erfahrungen mit dem Unternehmen (erfahrungsgestütztes Vertrauen) bestimmt.

2.3.2 Der Akquisitionsprozess eines Projektes

Erfolgreiche Akquisitionsaktivitäten setzen voraus, dass das Unternehmen bei potenziellen Klienten positiv wahrgenommen wird, sodass ein Interesse an konkreten Vorgesprächen besteht (Nikolova, Reihlen und Schlapfner 2009). Dies können Unternehmensberatungen durch die oben beschriebenen kritischen Ressourcen erreichen, wobei der potenzielle Kunde erst auf die Beratung aufmerksam werden muss. Bei Mangold Emde & Partner werden verschiedene Marketingmaßnahmen eingesetzt, mit denen direkt oder indirekt die Wahrnehmung unterschiedlicher Klientengruppen bezüglich der Kompetenz und der Reputation des Unternehmens beeinflusst werden soll. Ziel dieser Maßnahmen ist es, auf unterschiedlichen Ebenen – der allgemeinen Öffentlichkeit, den Branchennetzwerken und bestehenden Geschäftspartnern – ein günstiges Klima für die akquisitorischen Bemühungen der Partner zu schaffen und Kompetenzen und Erfahrung von Mangold Emde & Partner zu signalisieren. Zur Beeinflussung des Akquisitionsklimas kommen unterschiedliche Instrumente wie Events, Mailings, Webeauftritte oder die direkte Ansprache eines früheren Kunden zum Einsatz.

Als eventbasierte Instrumente sind Vorträge auf Konferenzen und Tagungen, die Durchführung eigener und durch Drittanbieter angebotener Seminare und Workshops sowie die Präsenz auf Messen und Ausstellungen vorgesehen. Damit soll die Marke Mangold Emde & Partner im Markt etabliert werden. So lässt sich Reputation gewinnen, was letztlich die Chancen für neue Geschäftskontakte eröffnen kann. Neben verschiedenen Mailings, in denen über Beratungsprodukte, Vorträge oder Seminare informiert wird, treffen sich Michael Emde und Frank Mangold auch persönlich mit potenziellen Kunden. Diese Maßnahmen sind häufig begleitet durch Publikationen von Fachartikeln in Branchen- und Fachzeitschriften sowie die Erstellung eigener Studien, die aufgrund der größeren Glaubwürdigkeit bevorzugt in Zusammenarbeit mit Verbänden oder auch Hochschulen durchgeführt werden.

„Wir nutzen kurz nach der Gründung unseres Unternehmens zwar viele Kanäle, um neue Projekte zu akquirieren. Wir kannten diese Maßnahmen von unserem alten Arbeitgeber, waren uns aber über ihren Erfolg unsicher." (M. Emde)

Im Rahmen des Businessplanes haben Michael Emde und Frank Mangold eine Liste derjenigen Kunden erstellt, die sie schon bei ihrem alten Arbeitgeber betreut hatten. Mit den verschiedenen Marketingaktivitäten wollen sie diese – aber auch andere potenzielle Kunden ansprechen. Im November 2005 fährt Michael Emde zu einer ersten Konferenz nach Frankfurt/Main. Er hört sich viele Vorträge zur aktuellen Entwicklung der Energiebranche an und hofft, mit möglichst vielen Kunden in Kontakt zu kommen:

„Ich hatte wirklich viele Visitenkarten verteilt und hatte auch einige interessante Gespräche über Chancen und Herausforderungen der Branche."

Gleichzeitig hält Frank Mangold im Rahmen eines Seminars des Gesamtverbandes der Deutschen Versicherungswirtschaft in Berlin einen Vortrag über die stark gestiegenen volkswirtschaftlichen Schäden durch Stürme, Erdbeben oder Überschwemmungen und deren Auswirkungen auf die Versicherungsbranche. Es sind viele Vertreter von großen und kleinen Unternehmen anwesend und Mangold erhält sehr viel Zuspruch. Er diskutiert über verschiedene Möglichkeiten, wie die deutschen Versicherungsunternehmen mit diesem Trend umgehen können. Beide Berater kommen sehr zufrieden wieder nach Hamburg zurück, da sie diese beiden Events als wichtigen Teilerfolg sehen. Schon nach einer Woche gibt es die erste positive Rückmeldung und die Anfrage für ein Projekt.

An die Kontaktanbahnung schließt sich bei erfolgreichem Verlauf die Angebotsphase an, in welcher normalerweise zunächst einer Auswahl von Beratungsunternehmen vom potenziellen Klienten die Möglichkeit gegeben wird, ein kundenspezifisches Angebot einzureichen und sich zu präsentieren. Michael Emde bekommt eine Anfrage von einem mittelständischen Energieversorger aus Leipzig, der eine Smart-Metering-Gesellschaft in Kooperation mit anderen Stadtwerken gründen will. Ziel dieses Joint Ventures ist es, den Kunden und Kundinnen einen „intelligenten Stromzähler" anbieten zu können, um dadurch eine bessere Kontrolle des Verbrauchs zu ermöglichen und so Energiesparpotenziale zu entdecken. Michael Emde entwickelt daraufhin ein Konzept, um die Ziele des Kunden – Kostensenkung und Verbesserung der Messtechnik – zu erfüllen. Sein Angebot sieht eine

2.3 Teil 3 – Strategische Positionierung

Projektdauer von drei bis vier Monaten mit drei Beratertagen pro Woche vor. Daraufhin fährt er nach Leipzig, um seine Ideen dem Vorstand der dortigen Stadtwerke zu präsentieren. Die Vorstandsmitglieder zeigen sich sehr zufrieden mit der Präsentation und versprechen eine rasche Antwort.

Als besonders entscheidender Faktor für den Erfolg einer Akquisition dient nicht zuletzt die Reputation des/der Beraters/Beraterin, Experte/Expertin in der für den Klienten relevanten Problemdomäne zu sein. Michael Emde formuliert das so:

> „Der Kunde muss sich angesprochen fühlen, er muss sagen, der Berater kennt mein Geschäft, meine Probleme und deren Lösung."

Nach der Rückkehr nach Hamburg wartet Michael Emde auf die Antwort des Energieversorgers. Eine Woche später kommt Post aus Leipzig. Sofort öffnet Michael Emde den Brief, um ihn dann enttäuscht wieder zur Seite zu legen:

> „Wir haben uns sehr über Ihr Angebot gefreut. Nach ausführlichem Abwägen zwischen den verschiedenen Angeboten haben wir uns für eine andere Beratung entschieden. Sie können sich gerne bei zukünftigen Ausschreibungen wieder bewerben."

Michael Emde ist frustriert, da er von seinem abgegebenen Angebot sehr überzeugt war und sich hohe Chancen auf die Zusage ausgerechnet hatte. Bei Strategieprojekten erweist es sich als sehr schwer, Expertise zu signalisieren, da die Ergebnisse eines solchen Projektes nicht unmittelbar erkennbar und damit für den Klienten schwer zu bewerten sind. Auch Frank Mangold kann durch die Teilnahme bei dem Event kein Projekt akquirieren.

> „Wir hatten uns das viel einfacher vorgestellt, neue Kunden außerhalb unseres Netzwerkes zu gewinnen. Zumindest wurden verschiedene Unternehmen schon auf uns aufmerksam und von dem Leipziger Energieversorger hätten wir ja fast einen Auftrag bekommen."

Die beiden Partner sind unter Druck, da sie bisher noch keinen Neuauftrag akquirieren konnten. Sie verschicken noch einmal Informationen zu potenziellen Projekten an die Kontakte aus ihrem Netzwerk, denn bisher hat sich auch daraus noch kein Projekt ergeben.

2.3.3 Pilotprojekt

Nur eine Woche später, am 26. November 2005, meldet sich ein ehemaliger Kunde und mittlerweile auch guter Freund von Michael Emde:

„Ein Freund wollte einen persönlichen Ratschlag von mir. Wir trafen uns abends in der Hamburger Innenstadt und tranken gemeinsam ein Bier. Ich dachte, er wollte einfach nur einen netten Abend verbringen, doch nach kurzer Zeit bat er mich um fachlichen Rat. Er arbeitete bei einem norddeutschen Stromversorger, der dringend einen Kooperationspartner benötigte. Wir diskutierten immer intensiver verschiedene Varianten der Kooperation und Akquisition, bis ich ihm von meinem neuen Unternehmen erzählte und ihm vorschlug, dass wir daraus doch ein Projekt für uns machen könnten. Er war von dieser Idee sehr angetan und meinte, dass er das gleich morgen mit einigen Kollegen besprechen würde."

Im günstigsten Fall resultiert aus den beschriebenen Akquisitionsbemühungen eine Entscheidung des Klienten, Mangold Emde & Partner in die engere Wahl zu nehmen, woran sich eine weitere Ausarbeitung des Angebots und eine detaillierte Vereinbarung der Vorgehensweise im Projekt sowie der zu erbringenden Leistungen und Pflichten anschließt. Die Angebotsphase und damit auch die Akquisitionsphase enden im Erfolgsfall mit einer Beauftragung durch den Klienten.

Am nächsten Morgen ruft der Freund von Michael Emde an und bittet darum, dass die beiden Berater doch Ende der Woche in die Firmenzentrale nach Bremen kommen, um Details des Projektes zu besprechen. Nach einer Terminabsprache fahren Frank Mangold und Michael Emde ein paar Tage später zu dem Energieversorger. Sie bekommen eine kurze Präsentation mit der Beschreibung des Problems und des Unternehmens. Michael Emde präsentiert erste Ideen, die er auch schon mit seinem Freund diskutiert hatte, und skizziert den möglichen Arbeitsaufwand für die Beratung. Die Geschäftsleitung findet diese Ausführungen zielorientiert und bittet die Berater, bis zur kommenden Woche ein ausführliches Angebot einzureichen. Bis zum Termin – am folgenden Montag – arbeiten Michael Emde und Frank Mangold ununterbrochen an einem möglichst überzeugenden inhaltlichen und finanziellen Angebot. Sie haben Erfolg: Die Geschäftsführung ist begeistert von der Präsentation, den Inhalten und auch von den beiden Beratern. Endlich kann das erste Projekt von Mangold Emde & Partner starten.

In den ersten Wochen bekommen die beiden Berater viele Informationen zum Unternehmen, der Kundenstruktur und dem angestrebten Ziel. Am Anfang des Projektes arbeitet Michael Emde mit Frank Mangold noch zusammen, dann übernimmt Michael Emde die Koordination allein, da Frank Mangold einen eigenen ersten Auftrag bearbeiten muss.

Als ersten Schritt will Michael Emde die Ist-Situation des Energieunternehmens erarbeiten. Er organisiert einen Workshop mit dem Vorstand und der Strategieabteilung.

2.3 Teil 3 – Strategische Positionierung

Nach der Ist-Analyse und dem Aufzeigen der Probleme erarbeitet Michael Emde verschiedene Maßnahmen, um den zukünftigen Erfolg des Energieversorgers entsprechend seiner Aufgabe durch Kooperationen und Akquisitionen zu sichern. Er erstellt eine Untersuchung der Konkurrenzunternehmen, um potenzielle Partner für den Energieversorger zu identifizieren. Im nächsten Schritt erfolgt eine Bewertung der vorhandenen Initiativen bezüglich ihres Beitrages zum Ziel des Unternehmenswachstums. Am Ende bleiben nur noch die erfolgsversprechenden Alternativen übrig, von denen dann mit einer Stärken-Schwächen-Analyse eine Darstellung der strategischen Positionierung im nationalen Marktumfeld erstellt werden kann. So können verschiedene Kooperationspartner identifiziert werden, von denen sich einer besonders für eine Zusammenarbeit eignet, da hier die ertragreichsten Synergien erreicht werden könnten. Michael Emde ergreift sofort die Initiative und arrangiert ein Gespräch mit den Geschäftsführern. Er berichtet von den Verhandlungen:

„Die andere Seite war durchaus zu Verhandlungen bereit, da auch sie dringend wachsen mussten, um weiterhin am Markt bestehen zu können. Doch die Atmosphäre war sehr angespannt, wodurch hitzige Diskussionen über Kleinigkeiten entstanden. So wurde in dieser frühen Phase schon darüber debattiert, welchen Namen das zukünftige Unternehmen tragen sollte. Deshalb konnten wir nicht vernünftig verhandeln, sodass die Gespräche abgebrochen werden mussten. Ich war danach ein wenig mitgenommen. Wir hatten ja schließlich die Verhandlungen eingeleitet."

Doch Michael Emde lässt sich nicht entmutigen und kontaktiert das zweite Unternehmen auf seiner Liste. Auch hier gibt es eine Bereitschaft zur Kooperation, sodass erste Verhandlungen starten können. Diese verlaufen deutlich reibungsloser, da die Verhandlungspartner gut miteinander auskommen. Nach mehreren Tagen können sich die beiden Geschäftsführer auf eine Kooperation einigen, die noch juristisch und finanziell ausgestaltet werden muss. So trifft sich Michael Emde mit den Beratern des Partners und unterbreitet nicht nur Vorschläge, sondern verhandelt auch im Auftrag des Vorstandes weiter. Wenige Wochen später ist ein Plan erarbeitet, der die Gestaltung der Kooperation konkretisiert. Das Ergebnis dieser Verhandlungen ist eine Fusion der beiden Energieversorger, um sich durch die entstandene Marktmacht entscheidende Wettbewerbsvorteile gegenüber der Konkurrenz zu sichern. Michael Emde vollendet seine Aufgabe, indem er auch den durchgeführten Fusionsprozess beratend begleitet. So unterstützt er den Energieversorger bei der Überführung der Mitarbeiter/innen in neue Verantwortungsbereiche und deren Rollenfindung. Darüber hinaus initiiert er in den zentralen Kooperationsfeldern gemeinsame Projekte und begleitet weitere Change Management-Prozesse. Der Vorstandsvorsitzende des Energieversorgers äußert sich nach diesem Projekt positiv:

"Die Zusammenarbeit mit Michael Emde verlief für uns ausgezeichnet. Er ließ sich auch von kleineren Rückschlägen nicht entmutigen. Die eingebrachten Ideen, die intelligente Umsetzung und die perfekte Einbeziehung unserer Mitarbeiter – alles geschah auf höchstem Niveau. Michael Emde war jederzeit ansprechbar, ohne dass wir lange auf seinen Rückruf warten mussten. Bei Problemen war er einfach immer zur Stelle. Wir sind mit der Betreuung äußerst zufrieden und werden weiterhin mit ihm zusammenarbeiten."

Auch Frank Mangold bearbeitet in der Folgezeit sein erstes großes Projekt mit einem Versicherungsunternehmen. Dieses Projekt wird durch einen seiner ehemaligen Kollegen initiiert. Mangold erhält die Aufgabe, die Performance des Vertriebs eines großen deutschen Lebensversicherers zu steigern. In dieses Projekt investiert er über fünf Monate seine vollständige Arbeitszeit. Auch hier ist der Kunde nach Projektende sehr zufrieden und deutet Folgeaufträge an. Diese zwei Aufträge bringen sehr viel Anerkennung bei den beiden Kunden und dienen als erste eigene Referenzprojekte. So beauftragen die Firmen Mangold Emde & Partner nicht nur für Folgeaufträge, sondern empfehlen sie auch ihren Geschäftspartnern.

2.4   Teil 4: Wachstum

Die oben beschriebenen Pilotprojekte verlaufen sehr positiv, sodass sie einerseits als Multiplikator für weitere Aufträge bei diesen Unternehmen fungieren können und sich andererseits der Bekanntheitsgrad und die Reputation der Beratung erhöhen. Nach den anfänglichen Schwierigkeiten bekommen Mangold Emde & Partner durch die ersten Projekte sehr viele Aufträge. Mitte 2006 sagt Michael Emde zu seinem Partner:

"Frank, jetzt läuft das doch super. Mein größter Kunde von damals gibt uns jetzt kontinuierlich Aufträge, und schätzt mich als Berater sehr."
"Es ist wirklich gut, dass unsere früheren Kunden uns so viel Vertrauen entgegen bringen! Ich habe auch zwei frühere Klienten aus dem Versicherungsbereich für Projekte gewonnen. Allerdings haben wir bisher noch keine neuen Klienten überzeugt. Ich denke aber, dass wir das mit mehr Bekanntheit auch noch schaffen werden."
(F. Mangold)

Mangold Emde & Partner haben bisher nur Aufträge über ihr bestehendes Netzwerk akquiriert und wollen sich in Zukunft darauf konzentrieren, dieses Netzwerk zu pflegen und auszubauen. Dazu gehören fünf frühere Kunden der beiden Berater. Eine kontinuierliche Verbesserung durch Innovationen kann dazu beitragen, dass die Beratungen durch ihr organisationales Know-how den Klienten einen entscheidenden Vorteil im Wettbewerb bieten. Diese Fokussierung kann einerseits auf ein thematisches Kerngeschäft oder auf eine spezifische Branche ausgerichtet sein. Mangold Emde & Partner möchten sich bei den Kunden als Top-Management-Beratung etablieren, die sich durch breites Wissen in der Industrie, hohe Kompetenz im Projektmanagement und ein funktionierendes Netzwerk auszeichnet.

„Neben unseren analytischen und prozessualen Fähigkeiten wird insbesondere geschätzt, dass wir offen und ehrlich unsere Meinung sagen. Wir trauen uns, den Finger in Wunden zu legen, auf Schwachstellen jenseits der politischen Agenda hinzuweisen und unseren Kunden kritisch den Spiegel vorzuhalten. So können sie innovativere Produkte hervorbringen, um nachhaltig wettbewerbsfähig zu bleiben."

Nach einem Jahr müssen Mangold Emde & Partner bereits Projekte ablehnen, da sie keine ausreichenden Ressourcen für die Durchführung haben.

2.4.1 Einstellen von neuen Mitarbeitern

Nach diesen Erfolgen entscheiden Frank Mangold und Michael Emde Anfang 2007, dass sie ihre Beratung personell ausbauen wollen, um alle Anfragen der Kunden bearbeiten zu können. Da das Wissen der Mitarbeiter eine der wichtigsten Ressource von Beratungen darstellt, hat die Auswahl der Mitarbeiter/innen eine besondere Bedeutung. Beide Partner kennen es von ihren vorigen Arbeitgebern, dass hauptsächlich Hochschulabsolventen und -absolventinnen eingestellt werden, da sich diese besser in die Unternehmenskultur integrieren lassen sollen. Dieser Strategie wollen auch Frank Mangold und Michael Emde folgen und starten den Prozess der Personal-Akquise, indem sie Anzeigen über verschiedene Printmedien und Onlineportale aufgeben.

Nach einer Vorauswahl entscheiden sie sich, fünf Bewerber/innen nach Hamburg einzuladen. In einer ersten Bewerbungsrunde müssen die Kandidaten und Kandidatinnen branchentypische Fallstudien bearbeiten und ein Lösungskonzept präsentieren.

Nach einem gemeinsamen Mittagessen führen die Partner mit jedem/jeder Bewerber/in noch ein individuelles Gespräch, um einen genaueren Eindruck zu bekommen. Am Abend ziehen Michael Emde und Frank Mangold Bilanz:

> „Wir waren schon sehr negativ überrascht, wie unwissend und auch unvorbereitet manche Bewerber/innen bei den von uns gestellten Aufgaben waren. Selbst essenzielle Sachen, wie das Präsentieren vor fremden Leuten, beherrschten einige nicht. Wie wollen diese Bewerber und Bewerberinnen so Berater/innen werden?"

Nach diesen Auswahlgesprächen wurde deutlich, dass die eingeladenen Bewerber/innen nicht die erwarteten Anforderungen erfüllten. High Potentials mit einer guten Ausbildung sind auf dem Arbeitsmarkt sehr umkämpft. Große Beratungen wie die Boston Consulting Group oder McKinsey & Company bieten Absolventen und Absolventinnen mehr Gehalt, gute Aufstiegschancen und besitzen eine hohe Reputation. Mittlerweile haben auch die meisten Industrieunternehmen interne Beratungsabteilungen, so genannte Inhouse Consultancies, wodurch sich der Bewerber/innenkreis für kleine und junge Beratungen weiter reduziert.

> „Wir änderten unsere Stellenausschreibung und suchten jetzt Berater/innen mit Erfahrung bei möglichst großen und renommierten Unternehmen. Doch als wir uns die Bewerbungen ansahen, mussten wir nur mit dem Kopf schütteln. Es war nicht ein Kandidat oder eine Kandidatin dabei, die wir auch nur in die engere Auswahl nehmen konnten. Wieso ist es so schwer, geeignete Mitarbeiter/innen zu finden? Wie sollten wir weiter vorgehen?" (M. Emde)

Mangold erinnert sich an einen alten Kollegen, der auch in einer großen Beratung tätig ist. Er ruft Christian Gebhard am darauffolgenden Tag an und fragt, ob er Zeit für ein Mittagessen hätte. Wie sich herausstellt, befindet sich auch Gebhards Karriere an einem Scheideweg und er ist offen für neue Ideen. Darauf schlägt Frank Mangold vor:

> „Ich habe mich vor Kurzem als Berater selbständig gemacht. Kannst du dir nicht vorstellen, bei uns mit einzusteigen?".

Christian Gebhard schätzt seinen alten Kollegen sehr und ist begeistert – auf so eine Gelegenheit hat er gewartet und erhofft sich mehr Freiheiten sowie interessantere Aufgaben.

Mangold und Emde entscheiden sich, ihre Strategie bei der Personalakquise zu ändern: Sie wollen sich in Zukunft auf das Abwerben von Professionals mit Arbeitserfahrung in Unternehmensberatungen konzentrieren. Sogenannte „Lateral Hires" haben mehrere Vorteile: Zum einen haben potenzielle Mitarbeiterinnen und Mitarbeiter schon Erfahrungen in der Beratung und in diesem Fall, vorzugsweise auch in den beiden Fokusbranchen Energiewirtschaft und Versicherungen; zum

2.4 Teil 4: Wachstum

anderen verfügen sie bereits über Kundenbeziehungen die eine direkte Stärkung des Umsatzes bewirken können (Ringlstetter et al. 2007). Die Kundenbasis kann erweitert und sogar ein neues Geschäftsfeld erschlossen werden.

Um für potenzielle Mitarbeiterinnen und Mitarbeiter attraktiv zu sein, müssen sich Mangold Emde & Partner von anderen Beratungen absetzen. Dies kann beispielsweise eine spezielle Unternehmenskultur sein, welche sich von einem „Up-or-Out"-Prinzip (s. Abschn. 2.1.1) unterscheidet. Mangold Emde & Partner betonen in diesem Zusammenhang, dass viele Arbeitnehmer/innen in ihrer derzeitigen Position zufrieden sind und daher vielleicht gar nicht aufsteigen wollen. Ein Verzicht auf ein solches System baut den starken Konkurrenzdruck unter den Beratern und Beraterinnen ab, sodass die Zusammenarbeit von kooperativem Verhalten geprägt ist. Daneben müssen die Angestellten bei Mangold Emde & Partner nicht so häufig reisen und die durchschnittliche Wochenarbeitszeit ist deutlich geringer als in anderen Unternehmen der Branche. So bleibt ausreichend Zeit für Regeneration und Freizeit mit der Familie. Frank Mangold beschreibt den Umgang bei einer großen Beratung:

> „Oftmals haben wir dort ununterbrochen gearbeitet, weil die Leute sich gegenseitig etwas beweisen müssen. Wer als Erstes geht, hat verloren. Das kenne ich selber. Das habe ich auch so gemacht. Man ist eigentlich fertig mit seiner Arbeit und könnte gehen, aber der andere sitzt noch da, also bleibt man selber auch noch. Das haben wir bei uns jetzt nicht mehr nötig."

Um die Familienfreundlichkeit zu unterstreichen, wollen sie in Zukunft den Mitarbeiter/innen je nach Lebenssituation viele Wahlmöglichkeiten lassen. So wird mit jedem/jeder neuen Mitarbeiter/in ein individueller Arbeitsvertrag ausgehandelt. Die beiden Gründer organisieren mehrmals im Jahr große Events, um das Zusammengehörigkeitsgefühl zu stärken. Sie wollen beispielsweise ein jährliches Sommer- und Weihnachtsfest und kleinere Ausflüge und Fahrten veranstalten. Frank Mangold schildert die Ziele:

> „Unsere zukünftigen Mitarbeiter/innen sollen sich wohlfühlen, weil sie so bessere Leistungen abliefern und ihre Arbeit bei uns in Einklang mit ihrer privaten und familiären Situation bringen können. So kann sich jede/r Mitarbeiter/in aussuchen, ob er oder sie beispielsweise lieber einen Dienstwagen möchte oder eine Betreuung für die Kinder. Wir möchten so etwas wie eine große Familie schaffen."

Berater/innen auf der Suche nach einer ausgewogenen Work-Life-Balance sind angetan von diesem Konzept, da es sich deutlich von anderen Beratungen unterscheidet. So wächst die „Familie" schnell: Ende 2007 beschäftigt die Beratung

15 Mitarbeiterinnen und Mitarbeiter auf vier verschiedenen Hierarchiestufen: Auf der untersten Ebene stehen die Projektleiter/innen. Dann folgen auf zweiter Ebene die Manager/innen und auf der dritten Stufe die Direktoren und Direktorinnen. Auf der höchsten Ebene sind die Geschäftsführer angesiedelt, die allerdings nicht gleichzeitig Partner sein müssen. Durch seine Unternehmenskultur wird das Unternehmen besonders für Frauen attraktiv und die Frauenquote bei Mangold Emde & Partner liegt bei 40 %. Der durchschnittliche Frauenanteil in Beratungsunternehmen nach Angaben des BDU (BDU (2010) liegt demgegenüber bei nur 15 bis 20 %. Eine Beraterin erzählt:

> „Es ist schon eine tolle Sache, was Frank Mangold und Michael Emde auf die Beine gestellt haben. Ich habe im vorletzten Jahr mein erstes Kind bekommen. Bei meinem damaligen Arbeitgeber gab es keine Möglichkeit, sich auf ein anderes Arbeitszeitmodell zu einigen, um Arbeit und Familie in Einklang zu bringen. Mir blieb keine andere Wahl, als zu kündigen. Ich hörte von dem Arbeitszeitmodell bei Mangold Emde & Partner und bewarb mich. Die Lösung für meine Situation ist perfekt: Ich kann halbtags arbeiten und bin trotzdem in einem sehr anspruchsvollen Arbeitsumfeld tätig. Damit bleibt mir mehr Zeit für mein Kind und in ein paar Jahren kann ich meine Arbeitszeit sukzessive entsprechend der Familiensituation wieder steigern."

Die Erfahrung der beiden Partner hat dazu beigetragen, eine Organisationskultur hervorzubringen, dessen Arbeitsklima offen, vertrauensvoll, kommunikativ und kollegial ist. Dazu gehört auch ein freier Zugang zu allen Ressourcen des Unternehmens für die Mitarbeiter/innen und eine unterstützende Zusammenarbeit.

Im gleichen Jahr definieren die beiden Gründer eine Vision für die nächsten fünf Jahre. 2012 sollten 25 bis 30 Mitarbeiter bei Mangold Emde & Partner arbeiten: sechs bis sieben Geschäftsführer/innen und fünf bis sechs Personen, auf den anderen Karrierestufen. Schwerpunkt soll weiterhin der Energie- und Versicherungsbereich sein, aber es sollen auch neue Branchenschwerpunkte entwickelt werden. Außerdem streben sie an, ein zweites Büro in einer weiteren Großstadt in Deutschland zu eröffnen, um sich auch geographisch stärker zu diversifizieren. Auf diese Weise soll sichergestellt werden, dass auch die Geschäftsführer weiterhin in das operative Geschäft eingebunden sind. Die Beratung will zu acht bis zehn Kunden eine langfristige Geschäftsbeziehung und eine intensive Kontaktbasis aufbauen. Zu jedem dieser langfristigen Kunden sollen mindestens zwei Geschäftsführer/innen oder Direktoren/Direktorinnen die Geschäftsbeziehung betreuen. Neben dem Kontaktnetzwerk zu Kunden soll ein Industrienetzwerk aufgebaut werden, um den Zugang zu Expertise und eine allgemeine Bekanntheit in der Industrie zu sichern. Dies soll über Fachvorträge, Veröffentlichungen und Events sichergestellt werden.

Bis zum Einsetzen der Finanzkrise im Jahr 2008 verläuft bei Mangold Emde & Partner alles wie geplant. So sind der Umsatz und die Anzahl der Mitarbeiterinnen und Mitarbeiter der Beratung kontinuierlich gestiegen. Im Verlauf der Krise steigt jedoch der Wettbewerbsdruck: Viele Kunden halten sich mit Aufträgen zurück. Frank Mangold schildert die Situation:

„Die Pleite der Investmentbank Lehman Brothers hatte auch auf unser Geschäft große Auswirkungen. Die Weltwirtschaft schrumpfte und unsere Kunden hatten negative Umsatzzahlen zu verzeichnen. Dementsprechend hielten sie sich mit Aufträgen zurück. Wir wollten nun noch einmal versuchen, Kunden über eine Kaltakquise zu gewinnen."

Durch den erhöhten Konkurrenzdruck wird zunehmend aktive Akquisitionsarbeit und ein verstärkter Einsatz indirekter Marketingmethoden notwendig. Einer der Partner beschreibt dies wie folgt:

„In der Vergangenheit war der Wettbewerb deutlich geringer. Mangold Emde & Partner war sehr erfolgreich, hatte einen guten Namen, konnte sich der Kundennachfrage sicher sein. Das hat sich gewendet, der Markt ist umkämpfter. Es gibt inzwischen viele Mitbewerber, die ebenfalls über gute Kontakte verfügen und uns so das Leben schwer machen. Wir haben uns daher […] entschieden, unsere Vertriebsstrategie von passiv auf aktiv zu ändern und gehen inzwischen deutlich progressiver vor."

Mangold Emde & Partner wollen neue Kunden gewinnen, die bisher noch nicht mit ihnen zusammengearbeitet haben. Dafür werden Projekte in Form von kleinen Case Studies skizziert, die dann an potenzielle Kunden mit Beratungsbedarf verschickt werden. Doch die Kaltakquise und die Erweiterung der Marketingaktivitäten bleiben erfolglos – wie schon in der Gründungsphase. Aus ihrer Initiative ergeben sich letztlich nur drei mittelgroße Projekte, sodass Frank Mangold und Michael Emde ihre Strategie überdenken müssen, um die Finanzkrise erfolgreich zu überstehen.

2.4.2 Ein neuer Partner

Für Frank Mangold und Michael Emde drängt die Zeit. Die Finanzkrise breitet sich auch im Frühjahr 2009 weiter aus, sodass der Auftragseingang der Beratung um ein Drittel zurückgeht. Die beiden Partner sind gezwungen, schnell eine Entscheidung zu treffen, da sie sonst über die Entlassung eines Mitarbeiters nachdenken müssen.

> „Bisher hatten wir niemanden entlassen und es hatte auch niemand gekündigt. Uns standen schwere Entscheidungen bevor, da wir doch so ein großartiges Miteinander hatten."

Frank Mangold hat die Idee, einen neuen Industriezweig aufzubauen, um so neue Kunden und neue Projekte zu akquirieren. Es ist allerdings ein sehr langfristiger Prozess, bis sich eine kleine Beratung in einem neuen Feld etabliert hat und dann auch von den Kunden als Alternative wahrgenommen wird. Michael Emde antwortet darauf:

> „Vielleicht gibt es einen Weg, wie wir schneller zu einer guten Reputation in einem neuen Geschäftsfeld kommen: Wir suchen uns einen neuen Partner."

Frank Mangold findet den Vorschlag gut, gibt aber zu bedenken, dass beide ihre Autonomie verlieren würden, da dann drei Partner in den Entscheidungsprozess involviert wären. Trotzdem sehen beide Partner mit dieser Strategie einen guten Weg, die Krise zu überstehen und begeben sich auf die Suche nach einem geeigneten Kandidaten.

Frank Mangold denkt an einen ehemaligen Kollegen, der mittlerweile bei einem großen Logistikunternehmen arbeitet. Die beiden Partner laden Herrn Schröter zu sich ins Büro ein, damit auch Michael Emde ihn näher kennenlernen kann. Sie erzählen von dem Konzept ihrer Beratung, um dann auf ihre derzeitig Situation einzugehen. Herr Schröter ist von ihrem Unternehmen sehr angetan und erzählt von seiner persönlichen Situation:

> „Frank kennt mich ja bereits von unserer gemeinsamen Zeit als Berater. Ich bin 39 Jahre alt, habe eine Frau und eine Tochter. Ich habe Wirtschaftsmathematik in München studiert und verfüge über zehn Jahre Beratungserfahrung. Ich bin in einem Logistikkonzern im Bereich des Supply-Chain-Managements tätig. Wir erarbeiten Lösungen im Bereich der Kontraktlogistik und des Lieferkettenmanagements für unsere Großkunden. Die Arbeit ist deutlich operativer und nicht so anspruchsvoll wie in einer Strategie-Beratung. Ich vermisse auch das offene Arbeitsklima und die kreativen Freiheiten, weshalb ich mich jetzt nach Alternativen umschaue. Große Beratungen kommen da eigentlich nicht mehr infrage. Eine kleine Beratungsboutique wie Mangold Emde & Partner mit dem Potenzial zum Wachstum kommt mir da viel eher entgegen."

Michael Emde ist interessiert:

> „Wie könnte denn unsere Beratung von Ihnen profitieren?"

Darauf antwortet Herr Schröter:

„Meine Kompetenzen und Erfahrungen im Bereich Logistik konnte ich durch meine langjährigen Beratungserfahrungen und meine jetzige Führungstätigkeit in der Branche ausbauen. Ich bin dort gut bekannt und hervorragend vernetzt, wodurch ich Zugang zu vielen Topkunden habe, die mich entweder als Berater oder in meiner neuen Funktion als Geschäftspartner zu schätzen wissen. Ich könnte durch mein großes Netzwerk viele Türen für neue Projekte öffnen und eine neue Practice Area Logistik und Verkehr etablieren."

Nach intensiver Besprechung entscheiden sich die beiden Partner, Schröter in die Partnerschaft aufzunehmen: Die Erschließung der Logistikbranche hätte viele Vorteile. Schon am nächsten Tag bieten sie Schröter an, zunächst als neuer Geschäftsführer bei Mangold Emde & Partner zu beginnen – mit der klaren Option, nach einem Jahr Partner zu werden. Schröter willigt unter der Bedingung ein, dass ihm der Status und die Autorität eines Partners (zunächst ohne Eigentumsanteile) für das Probejahr verliehen werden. Auch wird er fortan am Gewinn beteiligt und es besteht die klare Erwartung, dass er seine Expertise und Geschäftskontakte für das Wachstum in einem neuen Markt nutzen wird (Ringlstetter et al. 2007).

Herr Schröter kann schnell ein erstes Projekt für den Logistikbereich akquirieren: Ein mittelständisches Unternehmen, das hafenspezifische Dienstleistungen anbietet, benötigt für seine Multi-Purpose Terminals ein neues Controllingsystem. Michael Emde und Frank Mangold sind sehr zufrieden mit ihrer Entscheidung, da Schröter in den nächsten Wochen noch weitere Aufträge akquiriert. Zur Unterstützung dieses Bereiches wird sogar noch ein zusätzlicher Projektleiter eingestellt. Die Neuausrichtung mit nun drei Fokusbranchen funktioniert: Umsatz und Gewinn von Mangold Emde & Partner steigen wieder an, sodass die vorformulierten Ziele erreicht werden.

Durch einen neuen Partner können aber auch erhebliche Probleme entstehen: Wenn die Mitarbeiter solch einem Wachstum negativ gegenüber stehen, dann kann die Diffusion von Wissen und personenabhängigem Beziehungskapital gestört werden. Probleme durch eine neue Führungsperson können Stress, Spannung, Arbeitsunzufriedenheit oder Fluktuation sein (Empson 2001). Ein dritter Geschäftsführer neben Emde und Mangold, Herr Laskus, hatte sich beispielsweise den Aufstieg zum Partner erhofft. Durch das Eintreten von Herrn Schröter gibt es für ihn dafür in naher Zukunft jedoch keine Chance. Das harmonische Verhältnis zwischen den Mitarbeitern und Mitarbeiterinnen kann durch eine neue Führungsperson stark beeinträchtigt werden. Ein Mitarbeiter schildert die Situation:

"Herr Schröter gab immer sehr unverständliche Anweisungen und brachte sich in unser Team gar nicht richtig ein. Er sah sich sehr als Chef, der nicht viel mit seinen Mitarbeitern zu tun haben wollte. Bisher duzten wir Frank und Michael, aber Herr Schröter bestand auf die Höflichkeitsform."

So verlassen zwei Berater auf der Projektleiterebene Anfang 2010 das Unternehmen, da sie sehr unzufrieden mit der neuen Situation sind. Zudem hat Herr Schröter andere Vorstellungen davon, wie sich das Unternehmen in den nächsten Jahren entwickeln soll. Er forciert die Expansion: Seiner Meinung nach sollten Zweigstellen in anderen Städten eröffnet werden und die Produktpalette durch mehr Fokusbranchen und andere Beratungsthemen deutlich breiter werden, um mit dem Unternehmen noch stärker wachsen zu können. Die Autonomie und die Vision von Michael Emde und Frank Mangold werden in Zweifel gezogen: Prinzipiell sind die beiden Gründer offen für neue Strategien, aber sie sind mit der Herangehensweise ihres neuen Geschäftspartners unzufrieden. Frank Mangold sagt dazu:

"Herr Schröter war sehr zielorientiert und forcierte stark die Expansion. Viele unsere Mitarbeiter waren unzufrieden, weil er sehr starken Druck ausübte und auf die Situation der Mitarbeiter und Mitarbeiterinnen wenig Rücksicht nahm. Außerdem drängte er sich sehr stark in den Vordergrund und kritisierte unser bisheriges Vorgehen bei der Projektakquise. Das konnte so nicht weiter gehen."

So treffen sich Frank Mangold und Michael Emde zu einem Gespräch. Michael Emde findet einige Ansätze und Ideen von Herrn Schröter gar nicht so schlecht:

"Sein Konzept könnte uns langfristig wirklich voranbringen. Ich weiß, dass einige Mitarbeiter mit der Situation bei uns sehr unzufrieden sind, aber wir müssen auch an unseren Erfolg denken."

Daraufhin antwortet Frank Mangold:

"Ich finde den Weg von Herrn Schröter falsch. Unsere Unternehmenskultur aufzugeben, um stärker zu wachsen, entspricht nicht meiner Vorstellung von unserem Unternehmen. Wir haben hier eine so besondere Kultur geschaffen, die ich jetzt nicht so einfach aufgeben möchte."

Nach langer Diskussion stimmt auch Michael Emde den Ausführungen seines Partners zu. Daraufhin führen Michael Emde und Frank Mangold im Sommer 2010 ein mehrstündiges Gespräch mit Herrn Schröter, in welchem sie ihre Probleme mit ihm, aber auch die Sorgen der Mitarbeiter/innen thematisieren. Schröter kann die Einwände nicht verstehen; er versuche nur, das Unternehmen voranzubringen, indem er die Mitarbeiter/innen zu Höchstleistungen motiviere:

„Das bedeutet doch bares Geld für uns, wenn unsere Berater intensiver arbeiten."

Frank Mangold antwortet daraufhin:

„So können wir nicht weiter zusammenarbeiten. Das passt überhaupt nicht zu unserer Philosophie. Ich fürchte, dass eine Trennung notwendig ist."

Die drei können ihre Widerstände und Komplikationen nicht überwinden und so verlässt Herr Schröter im August 2010 die Beratung. Zwischenzeitlich hat sich die Wirtschaft von der Finanzkrise wieder erholt, und viele Projekte können wieder auf ursprünglichem Wege akquiriert werden.

2.5 Teil 5 – Die Krise bei Mangold Emde & Partner

2.5.1 Situation

Nach dem Weggang von Herrn Schröter Ende 2010 erholt sich die Beratung von Frank Mangold und Michael Emde sehr schnell von der Finanzkrise. Die Versicherungs- und Energiebranche vergibt wieder vermehrt Aufträge an Unternehmensberatungen und der Umsatz wächst, sodass im Laufe des Jahres 2011 für beide Geschäftsbereiche neue Berater eingestellt werden. Trotzdem gibt es auch Probleme im Unternehmen. Die beiden Partner wollen neue Meilensteine für die Zukunft festlegen.

Michael Emde schlägt vor, einen neuen Wachstumskurs einzuschlagen, da er meint, dass ihr Unternehmen nur so langfristig überlebensfähig sei. Frank Mangold ist der Ansicht, dass sich die stabile Situation der Beratung erst noch festigen soll und sie sich deshalb auf ihr Kerngeschäft konzentrieren sollten. Diese zurückhaltende Strategie kann Michael Emde wiederum nicht nachvollziehen: Der derzeitige Aufschwung biete einmalige Wachstumschancen. Frank Mangold fasst die Situation wie folgt zusammen:

„Das Gespräch begann eigentlich sehr gut. Wir hatten uns für einen neuen Angestellten entschieden und freuten uns über den anhaltenden wirtschaftlichen Aufschwung. Aber dann kam das Thema unserer zukünftigen Entwicklung auf. Michael schrie mich schließlich an, dass ich keine Ahnung hätte, wie man ein Unternehmen führt. Ich versuchte ihn zu besänftigen, aber das half leider nicht. Er verließ wütend das Büro, ohne dass wir die Situation klären konnten."

In der folgenden Zeit kommt Michael Emde immer weniger ins Büro. Er delegiert viele Aufgaben an seine Berater/innen, um die laufenden Projekte fortzusetzen. Sind beide Partner im Büro, versuchen sie, sich aus dem Weg zu gehen. Die Situation kann nicht gelöst werden, sondern verschlechtert sich mit der Zeit immer weiter. Nach einigen Monaten sind alle Projekte im Energiebereich erfolgreich abgeschlossen, doch durch die häufige Abwesenheit von Michael Emde werden kaum neue Projekte akquiriert. Einige Berater/innen müssen daraufhin auch im Versicherungsbereich eingesetzt werden. Schließlich kommt es zu einem Krisengespräch zwischen den beiden Partnern. Michael Emde fordert weiterhin die Ausrichtung des Unternehmens nach seinen Wünschen und zeigt wenig Kompromissbereitschaft. Frank Mangold versucht, seinem Partner durch eine moderate Wachstumspolitik für das nächste Jahr entgegen zu kommen und schlägt vor, man solle danach entscheiden, wie es weiter gehen kann. Trotzdem können in der Folgezeit die entstandenen Differenzen nicht überwunden werden, sodass es letztlich zur Trennung der beiden Partner und einem Bruch im Unternehmen kommt. Auf einer Mitarbeiterversammlung verkündet Michael Emde seinen Abschied aus dem Unternehmen. Frank Mangold führt die Beratung allein weiter und zahlt Michael Emde dessen Anteile aus.

2.5.2 Ursachen der Krise

Die Krise bei Mangold Emde & Partner kann auf verschiedene Managementfehler von Frank Mangold und Michael Emde zurückgeführt werden. Die Unternehmensstrategie ist sehr von den beiden Gründern abhängig. Auf dieser Basis ist ein Effekt eingetreten, den sich eigentlich jedes Unternehmen wünscht: Die Mehrheit der Kunden hat eine starke persönliche Bindung und Loyalität gegenüber dem jeweiligen Partner der Beratung. Diese Kunden sind entsprechend nicht bereit, nach dem Weggang von Michael Emde auf ihren „Lieblingsberater" zu verzichten. Frank Mangold muss zugeben:

> „Wir haben es versäumt, die Projektakquisition an unsere Mitarbeiter und Mitarbeiterinnen zu delegieren, sodass wir auf solch eine Situation nicht vorbereitet waren. Alle Geschäfte im Energiebereich wurden in der Vergangenheit von Michael Emde abgewickelt. Er wollte dabei auch nicht unterstützt werden, da es ja seine Kontakte waren. Nach dem Weggang waren wir ein wenig hilflos, wie es weiter gehen sollte in diesem Bereich."

2.5.3 Wirkungen

Der Name der Beratung ändert sich nach dem Weggang von Michael Emde in Mangold & Partner. Michael Emde gründet Anfang März 2012 seine eigene Beratung und wird so direkter Konkurrent seines alten Unternehmens. Da die Projektakquisition im Energiebereich ausschließlich von Michael Emde durchgeführt worden war, ist das Kundennetzwerk im Energiesektor personenabhängig. Die Mitarbeiterinnen und Mitarbeiter im Energiebereich waren nur in der operativen Arbeit tätig und können die Akquisition von Michael Emde nicht übernehmen, weshalb seine Klienten ihm in sein neues Unternehmen folgen. Die Folge ist ein deutlicher Umsatzrückgang für Mangold & Partner. Viele Mitarbeiterinnen und Mitarbeiter haben keine Projekte mehr und ihre Motivation leidet unter der neuen Unsicherheit. Eine Garantie auf Weiterbeschäftigung gibt es nicht und Karriereversprechen können ohne Michael Emde nicht mehr eingehalten werden.

Frank Mangold überlegt, welche Möglichkeiten er jetzt hat, um sein Unternehmen zu retten und welche Änderungen in der Organisation vorgenommen werden müssen, um zukünftig solche Krisen zu vermeiden. Was ist nun zu tun?

Fallzusammenfassung 3

In der Case Study werden zwei Berater, Frank Mangold und Michael Emde, vorgestellt, die bei einem großen deutschen Unternehmen tätig sind und mit ihrem Arbeitgeber, aber auch ihrer Arbeitssituation, unzufrieden sind. Aufgrund dieser Unzufriedenheit überlegen sie, welche Möglichkeiten es für sie gibt. Sie entscheiden sich, ihre eigene Unternehmensberatung zu gründen. Dabei gibt es zwei Alternativen: Die Gründung einer Tochtergesellschaft einer internationalisierenden Beratung oder eine kleine Beratungsboutique. Beides hat seine Vorteile: So können in einer Tochtergesellschaft Cross-Selling-Effekte durch die Mutter genutzt werden, wodurch das Risiko für die beiden Gründer geringer ist. Eine eigene kleine Beratung, auf der anderen Seite, bietet den Vorteil, dass man unabhängig agieren kann und keine Umsatzanteile abführen muss. Die Entscheidung ist für beide Berater klar: Sie wollen ihre eigene kleine Beratung. Sie erarbeiten einen Businessplan, in dem das genaue Alleinstellungsmerkmal der Beratung entworfen wird. Durch bisher erfolgreich abgeschlossene Projekte konnten sich die beiden Gründer eine hohe Reputation bei ihren Kunden aufbauen. Diese könnten nun ihre Aufträge an die junge Beratung vergeben.

Nach der Ausarbeitung des Businessplanes wollen Mangold und Emde ihre Ausführungen von einem befreundeten Experten verifizieren lassen. Dieser findet die Geschäftsidee durchaus ansprechend, sieht aber noch Verbesserungspotenzial: Die Unique Selling Proposition muss noch weiter ausgefeilt werden. Daraufhin entscheiden sich die beiden Berater, sich auf die Energie- und Versicherungsbranche zu fokussieren, da sie hier die meiste Erfahrung haben. Die anschließende Teilnahme an einem Businessplanwettbewerb bringt den beiden die Aufmerksamkeit einer Bank, welche das Projekt mit einem Kredit unterstützen will. So kann die Beratung Mangold Emde & Partner gegründet werden.

Der Dienstleistungssektor und somit auch der Beratungssektor haben in den letzten Jahrzehnten sehr stark an Bedeutung gewonnen und konnten hohe

Umsatzzuwächse in der Weltwirtschaft generieren. Besonders große Beratungen wie McKinsey & Company, Boston Consulting Group oder die Roland Berger Consultants GmbH konnten in Deutschland stark wachsen. Die Beratungen bieten sehr heterogene Produkte an, vom Business Consulting bis zur IT-Beratung. Nach der Finanzkrise im Jahr 2008 hatten auch viele Beratungen in Deutschland Probleme, ihre Umsatzziele zu erreichen. Doch seit 2010 verzeichnet die Branche wieder ein Wachstum.

Nach der Gründung versuchen Mangold und Emde, Projekte für ihr neues Unternehmen zu akquirieren. Dabei nutzen sie Maßnahmen wie Events, Mailings, einen Webauftritt sowie die direkte Ansprache früherer Kunden. So entsteht ein erstes Pilotprojekt im November 2005 mit einem regionalen Energieversorger aus Bremen. Auch Frank Mangold kann erfolgreich ein Projekt für den Versicherungsbereich durchführen. Im Anschluss kommt es zu weiteren Aufträgen früherer Klienten, sodass sie im Jahr 2007 entscheiden, neue Mitarbeiterinnen und Mitarbeiter einzustellen, wodurch die Beratung bis Anfang 2008 auf 15 Mitarbeiter und Mitarbeiterinnen wächst. Entscheidender Erfolgsfaktor für die Akquisition erfahrener Mitarbeiterinnen und Mitarbeiter war dabei die differenzierte Unternehmenskultur von Mangold Emde & Partner. Aufgrund der beiden Gründer baut diese auf Vertrauen und fördert ein kooperatives Arbeiten. Ende 2008 jedoch, wird die Beratung durch die Finanzkrise einer ersten schwierigen Phase konfrontiert. Die Umsätze gehen zurück, da viele Kunden unter der Rezession leiden. Daraufhin entscheiden sie, einen neuen Partner einzustellen, der einen völlig neuen Industriezweig mit eigenem Kundennetzwerk mitbringt. Diese Strategie funktioniert anfangs sehr gut. Nach einiger Zeit merken Mangold und Emde allerdings, dass dieser neue Partner nicht in ihr Unternehmen passt. Viele Mitarbeiterinnen und Mitarbeiter beschweren sich über dessen Führungsstil und zwei verlasen nach einem Jahr das Unternehmen. Außerdem hat der neue Partner andere Vorstellungen bezüglich der zukünftigen strategischen Ausrichtung des Unternehmens. Deshalb beschließen Mangold und Emde, die Anteile wieder zurück zu kaufen und sich von dem neuen Partner zu trennen. 2010 hat sich die deutsche Wirtschaft wieder erholt, sodass sie mit ihrer alten Strategie erneut ausreichend Aufträge akquirieren können.

Schließlich jedoch kommt es zu einem Bruch zwischen den beiden Gründern: Auch sie können sich nicht über die zukünftige Ausrichtung ihres Unternehmens einigen. Während Emde die steigende Auftragsrate zur Expansion nutzen will, setzt Mangold auf Konsolidierung. Es kommt zu einem Streit, der das Verhältnis der Partner nachhaltig stört und schließlich dazu führt, dass Emde das Unternehmen verlässt und eine eigene Beratung gründet. Dies führt zu Problemen für die kleine Beratung, die nunmehr Mangold & Partner heißt, da die Berater von Anfang an auf eine persönliche Bindung zu ihren Klienten gebaut haben. Die dadurch gewonnene Loyalität führt dazu, dass Emdes Klienten ihm in sein neues Unternehmen folgen. Auch haben die Partner die Projektakquisition stets selbst übernommen, sodass dies im Energiebereich nicht durch die Berater/innen bei Mangold & Partner verbliebenen Berater/innen übernommen werden kann. Der daraus resultierende Rückgang an Aufträgen zwingt Frank Mangold zu einer strategischen Neuausrichtung: Wie kann er seine Beratung in eine stabile Zukunft überführen?

Lehrstrategie

4.1 Allgemeine Lernziele und zu erwerbende Kompetenzen

Ziel dieses Kurses ist es, den Bearbeitenden einen Einblick in das Themenfeld der *Professional Service Firms* zu geben. Hierbei werden dafür relevante Themengebiete vorgestellt, um den Bearbeitenden den aktuellen Stand der Forschung und Inhalte zu Entrepreneurship, professionellen Dienstleistungen, strategischer Positionierung und Wachstum zu vermitteln. Der Kurs soll ihnen einerseits einen umfassenden Überblick über die verschiedenen Forschungsfelder geben, und sie andererseits in die Lage versetzen, deren Komplexität und Vielseitigkeit auf die Praxis zu übertragen. Dazu sollen ihre Fähigkeiten bezüglich Präsentation und wissenschaftlichem Arbeiten weiter ausgebaut werden.

Zugleich sollen die Bearbeitenden in diesem Kursformat die Möglichkeit haben, selbst Schwerpunkte zu setzen, indem sie sich einzelne Themen aus dem Bereich der *Professional Service Firms* herausgreifen und selbständig vertiefen. Das in den einzelnen Schwerpunkten Erarbeitete wird dann in Präsentationen im Plenum vorgestellt und diskutiert. Dies soll den Bearbeitenden die Möglichkeit geben, ein Thema selbständig zu strukturieren, wissenschaftlich aufzuarbeiten und die Ergebnisse zu präsentieren. Zudem steht im Vordergrund, sich kritisch mit der vorgestellten Materie auseinanderzusetzen und diese auf andere Sachverhalte zu übertragen.

Das Seminar findet als Blockveranstaltung statt. Beim Kick-off erfolgt eine Einführung in das Thema. An diesem Termin werden auch die Themen zu den Seminararbeiten vergeben. Während der gesamten Bearbeitung bis zum Vortragstermin steht Ihnen der/die Dozent/in unterstützend zur Seite. Termine werden individuell vereinbart. Zu den Präsenzveranstaltungen während des gesamten Seminars wird eine Anwesenheit erwartet.

4.2 Erworbene Fachkompetenzen nach dem Bearbeiten der Fallstudie

- Ein Grundverständnis für professionelle Dienstleistungsunternehmen und Entrepreneurship sowie Vertiefung vorhandener Kenntnisse
- Kenntnisse über die Herausforderungen einer Unternehmensgründung
- Spezifisches Wissen zum Beratermarkt
- Kennenlernen und Vertiefen neuerer Entwicklungen in Forschung und Praxis bei professionellen Dienstleistungsunternehmen

Darüber hinaus werden Konzepte des strategischen Managements wie bspw. *Porters 5 Forces, Resource-based View, Social Capital* oder *Krisenmanagement* vermittelt.

4.3 Formalitäten

Die Note setzt sich aus der Benotung eines Referates und einer schriftlichen Ausarbeitung des Referates zusammen. Der Umfang der schriftlichen Seminararbeit beträgt insgesamt ca. 15–20 Seiten. Die Präsentationen und Diskussionen dauern ca. 30 Minuten pro Thema. Dabei sollte die Gewichtung folgendermaßen sein: Hausarbeit 60 %, Präsentation 40 %.

▶ **Kriterien für die Bewertung der Hausarbeit:**
  Aufbau: Logik, Ausgewogenheit
  Inhalt: Darstellung, Nachvollziehbarkeit der Argumente, Einbeziehung der Fallstudie
  Form: Stil, Orthografie, Quellenverweise, Visualisierung
  Literatur: Relevanz, Aktualität, Qualität

Werkzeuge 5

5.1 Gründung und Entrepreneurship

Im ersten Teil der Case Study sollen sich die Bearbeitenden mit der Thematik des Gründungsmanagements und des Entrepreneurships näher beschäftigen. Am Anfang steht die Frage im Vordergrund, welche Rolle dieses Thema in unserer Gesellschaft spielt. Für diese sind Entrepreneure von hoher Relevanz. Sie leisten einen enormen Beitrag zur Entwicklung entscheidender Innovationen für Fortschritt und Wachstum. Joseph A. Schumpeter spricht von einem Prozess der „kreativen Zerstörung", welcher durch Entrepreneure ausgelöst wird (Schumpeter 2005). So können unternehmerische Aktivitäten einen Beitrag zur Verbesserung der internationalen Wettbewerbsfähigkeit von Unternehmen und Volkswirtschaften leisten und neue Arbeitsplätze schaffen. Wirtschaftlicher Erfolg ist damit ein Resultat vieler verschiedener Faktoren, die auf Märkte und Unternehmen einwirken; vor allem aber sind es die Unternehmer/innen, die für ökonomischen Erfolg sorgen und den Fortschritt vorantreiben.

Der Global Entrepreneuship Monitor hat sich zum Ziel gesetzt, diese Zusammenhänge zwischen Entrepreneurship und Wachstum zu analysieren (Dowling 2003). Dafür wird anhand von Kennzahlen verglichen, wie sich die Gründungsaktivitäten in den verschiedenen Ländern entwickeln: im Gegensatz zu anderen europäischen Ländern sinkt die Gründungsrate in Deutschland. Das Unternehmertum sollte daher stärker gefördert werden, um Innovationen zu vorzutreiben und damit weiterhin international wettbewerbsfähig zu bleiben. Doch eine Unternehmensgründung birgt hohe Risiken und die Führung und Koordination eines Unternehmens erfordert viel Erfahrung und Wissen auf Seiten des Gründers/der Gründerin. Neben dem ökonomischen Anreiz eines hohen finanziellen Gewinns bestehen aus dem persönlichen Blickwinkel des Gründers/der Gründerin noch andere Motive. So rückt das Streben nach Unabhängigkeit, Leistung, aber auch nach Prestige gleichermaßen in den Fokus wie der monetäre Gewinn. Ergänzend können hier Themen wie regionale Entwicklung oder Fördermaßnahmen durch den Staat bearbeitet werden.

Faktoren, die für den erfolgreichen Markteintritt von Unternehmer/innen sorgen können, sind z. B. effizientere Organisationsstrukturen, geringere Kosten gegenüber etablierten Unternehmen oder ein völlig neues Produkt (Hungenberg 2006), aber auch individuelle Alleinstellungsmerkmale.

In einem zweiten Schritt sollen die Bearbeitenden daher anhand des Beispiels Mangold Emde & Partner erarbeiten, welche Charaktereigenschaften für die Gründung eines Unternehmens entscheidend sind. Was macht einen guten Gründer aus?

Die Unternehmerpersönlichkeit nimmt bei der Gründung von Unternehmen eine besondere Stellung ein. „It is often said that a person cannot win a game that they do not play (Shane, Locke und Collins 2003, S. 257). Der Erfolg einer Unternehmung bzw. eines Unternehmers/einer Unternehmerin hängt somit von der Bereitschaft einer Person ab, Unternehmer/in zu werden. An diesem Punkt stellt sich die Frage, durch welche Persönlichkeitseigenschaften sich erfolgreiche Unternehmensgründer/innen auszeichnen. Dazu müssen die Bearbeitenden zunächst den Begriff der Persönlichkeitseigenschaften genauer definieren. Solche Persönlichkeitseigenschaften bzw. -merkmale werden auch als Traits bezeichnet. „Traits sind überdauernde Merkmale und Eigenschaften, die eine Person dazu prädisponieren, sich über verschiedene Situationen hinweg konsistent zu verhalten." (Gerrig und Zimbardo 2008, S. 507.) Nach einer Begriffsbestimmung können dann verschiedene Unternehmer/innenbilder u. a. von Say und Schumpeter erarbeitet und vorgestellt werden.

Ein weiterer Faktor, der den Erfolg einer Unternehmensgründung beeinflussen kann, ist das familiäre Umfeld. Dies ist nicht nur in Familienunternehmen der Fall, sondern hat auch bei der Unternehmensgründung eines Lebenspartners/einer Lebenspartnerin große Bedeutung und Einfluss. Die Familien von Unternehmer/innen werden zwangsläufig stärker mit deren beruflichen Entwicklung konfrontiert und in diese involviert, als dies bei Familien, deren Mitglieder/innen im Angestelltenverhältnis stehen, der Fall ist. Zwei wichtige Grundwerte der Gesellschaftsordnung, das Privateigentum und die Familie, werden hier miteinander verbunden. Die finanzielle Belastung zu Beginn der Selbständigkeit ist enorm, da selten sofortige Gewinne erzielt werden. Es kann passieren, dass sich der/die Partner/in und auch die Kinder vernachlässigt fühlen und das Gefühl entsteht, der finanzielle Aspekt rücke für den/die Firmengründer/in zu sehr in der Vordergrund, denn die Zeit gemeinsamer Unternehmungen ist in dieser Phase für die Familie stark begrenzt. Die Bearbeitenden sollen hier die verschiedenen Aspekte des familiären Einflusses

5.1 Gründung und Entrepreneurship

erarbeiten. Dabei spielen zum einen der/die Partner/in eine entscheidende Rolle, zum anderen haben beispielsweise Kinder von Unternehmer/innen eine größere Gründungsneigung als andere.

Um die Gründung einer Unternehmensberatung besser verstehen zu können, ist das nächste Ziel der Fallstudie, den Bearbeitenden die spezifische Thematik der professionellen Dienstleistungsunternehmen näher zu bringen. Beispiele für solche Serviceunternehmen sind Wirtschaftsprüfungen, Anwaltskanzleien, Werbeagenturen und Unternehmensberatungen. In den letzten Jahren stieg die Beachtung solcher Unternehmen nicht nur in der Praxis sondern auch in der Wissenschaft. So identifiziert von Nordenflycht drei Charaktereigenschaften von professionellen Dienstleisterfirmen: Wissensintensität, geringe Kapitalintensität und professionalisierte Belegschaft (von Nordenflycht 2010). Durch diese Eigenschaften können sich diese professionellen Dienstleister von anderen Serviceunternehmen abgrenzen, allerdings sind diese Eigenschaften je nach Unternehmen unterschiedlich stark ausgeprägt.

▶ Ergänzung: Erstellung eines Businessplans (s. Arbeitsblatt unter Abschn. 7.1)

Fragestellung:

Der nächste entscheidende Punkt bei der Gründung von professionellen Dienstleistungsunternehmen, so auch bei Mangold Emde & Partner, ist die strategische Positionierung.
Welche Vor- und Nachteile hat diese Strategie?
Wieso könnte die Strategie erfolgversprechend sein?

Wichtige Punkte zur Positionierung:

- Die kommunizierbaren Kernkompetenzen
- Mein Aufgabenfeld
- Mein Geschäftsfeld
- Meine Zielgruppe
- Das Problem der Zielgruppe
- Bedürfnisse der Zielgruppe
- Strategische Partner

▶ Ergänzung: Entwicklung verschiedener Szenarien (s. Arbeitsblatt unter Abschn. 7.2)

5.2 Branchen- und Wettbewerbsanalyse

Um langfristig mit seiner Gründung am Markt bestehen zu können, muss ein Unternehmen sein Umfeld kennen. Die Charakterisierung des relevanten Marktes ist immer Teil des Businessplans, um das Bestehen einer Nische für das eigene Unternehmen glaubwürdig darstellen zu können. Die Branchenanalyse stellt, neben der Konkurrenzanalyse und der strategischen Positionierung, die Grundlage für die Entwicklung einer Wettbewerbsstrategie dar. Eine „Wettbewerbsstrategie ist das Streben, sich innerhalb der Branche […] günstig zu platzieren" (Porter 1980, S. 19). Porter definiert fünf Kräfte, die die Umwelt eines Unternehmens beeinflussen (Abb. 5.1).

Um eine erfolgreiche Strategie zu entwickeln, bedarf es zusätzlich zur externen Branchenanalyse einer internen Untersuchung des Unternehmens. Barney entwickelte hierfür ein Framework, mithilfe dessen die Ressourcen eines Unternehmens untersucht werden können: die Resource-based View (Barney 1991). Im wissenschaftlichen Diskurs hat sich für den Begriff der Ressource dabei eine Vielzahl von

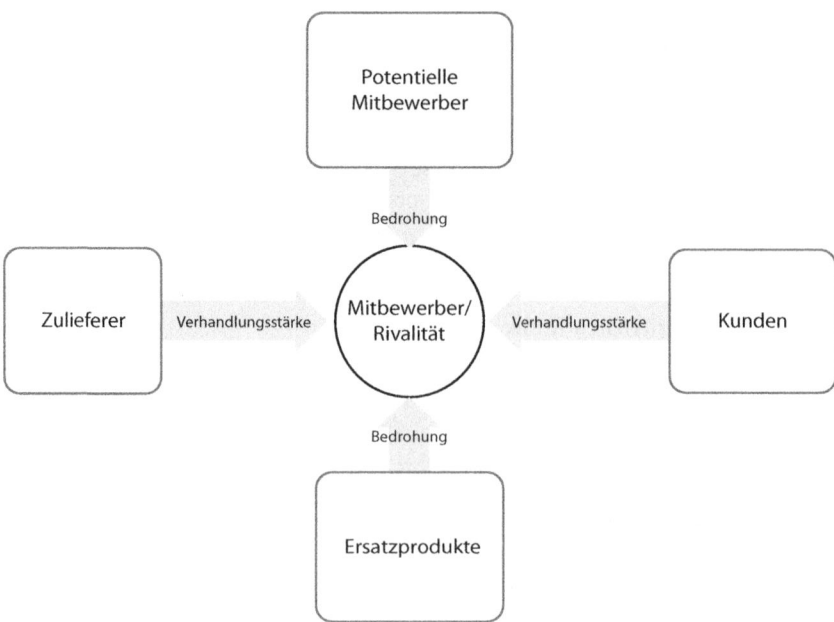

Abb. 5.1 Kräfte der Unternehmensumwelt. Quelle: nach Porter 1980

| Heterogeneity and immobility of resources | Value Rareness Imperfect imitability Substitutability | Sustained competitive advantage |

Abb. 5.2 Ressourcen eines Unternehmens. Quelle: nach Barney 1991

Definitionen mit unterschiedlichen Bedeutungsinhalten etabliert (Sammerl 2006, S. 133) (Abb. 5.2).

Aufbauend auf der Branchenstrukturanalyse und der Ressourcenanalyse können diese Informationen nun genutzt werden, um eine eigene Stärken- und Schwächenanalyse durchzuführen. Hierbei kommt das Instrument der SWOT-Analyse zum Einsatz. Eine SWOT-Analyse geht den Stärken, Schwächen, Chancen und Risiken eines Unternehmens auf den Grund.

▷ Ergänzung: Tabelle zur SWOT-Analyse (s. Arbeitsblatt unter Abschn. 7.3)

5.3 Strategische Positionierung und Wachstum

In diesem Abschnitt sollen sich die Bearbeitenden mit dem Begriff der Strategie auseinandersetzen. Dieser Begriff hat seinen Ursprung einerseits in der militärischen Frühgeschichte (beschrieben in „The Art of War" von Sun Tzu oder in „Vom Kriege" von von Clausewitz) und andererseits auch in der politischen Vergangenheit; genauer beschrieben in „The Prince" von Machiavelli. Seit dem 19. Jahrhundert wird der Strategiebegriff erfolgreich auf die Managementforschung übertragen und vielfältig diskutiert (Reinhardt 2007). In der Managementliteratur wird dabei eine Vielzahl von Definitionen des Strategiebegriffes diskutiert. So schreibt Porter, dass strategische Aktivitäten eine einzigartige und wertvolle Position für Unternehmen schaffen. Grant vereinfacht diese Definition: „strategy is about winning" (Grant 2005, S. 4). Aus den Ansätzen zur Erreichung von Wettbewerbsvorteilen lassen sich dabei drei generische Strategien ableiten: Strategie der Kostenführerschaft, Differenzierungsstrategie und Fokussierungsstrategie. Die damit zusammenhängenden Überlegungen können auch auf Unternehmensberatungen übertragen werden. Diese seien dann erfolgreich, wenn sie die Balance zwischen Servicequalität, Kundenbindung, Mitarbeiterzufriedenheit und Unternehmenserfolg finden (Maister 1993).

Mangold Emde & Partner sind nach der Gründungsphase damit beschäftigt, Projekte zu akquirieren. Dieser Prozess ist ein oft beschwerlicher Weg, zudem gilt es in der Dienstleistungsbranche einige Besonderheiten zu beachten:

Aus der Sicht des Kunden stellt sich zunächst die Frage, ob ein erkanntes Problem durch Zuhilfenahme einer externen Beratung gelöst werden soll, er muss also eine klassische Make-or-Buy-Entscheidung treffen (Williamson 1975). Zur Entscheidungsfindung werden die Ausprägungen verschiedener relevanter Einflussfaktoren untersucht: Vertraulichkeit des Projektes, Art des zur Problemlösung benötigten Wissens, Bedeutung von Beziehungen, Projektdauer, Verfügbarkeit von Ressourcen und qualifizierten Berater/innen und Kosten. Nachdem der potenzielle Kunde sich für die Beauftragung einer externen Beratung entschieden hat, erfolgt die Auswahl des zu beauftragenden Unternehmens. Dieser Prozess bedarf einer fundierten Analyse und Bewertung. Aspekte wie die Komposition des Berater/innenteams, der Grad der Integration zwischen Mitarbeiter/innen und Berater/innen, aber auch finanzielle Ressourcen werden in die Entscheidung über die Auswahl des Unternehmens einbezogen.

Bei der Auswahl der richtigen Beratung stehen die Kunden vor folgenden Herausforderungen: Es besteht Informationsasymmetrie zwischen Beratung und Klienten und nur ungenaue Definitionsmöglichkeiten der vereinbarten Leistung. Dies kann bei den Kunden eine hohe Qualitätsunsicherheit verursachen. Eine über einen längeren Zeitraum entwickelte, positive Beziehung zwischen einem/einer Berater/in und einem Kunden kann daher von hohem Wert sein. Zur Überzeugung potenzieller Klienten von der Qualität der eigenen Leistung stehen Beratungen verschiedene Mechanismen zur Verfügung, die einzeln oder miteinander kombiniert genutzt werden können (Barchewitz und Armbrüster 2007):

- *Vertragliche Regelungen*: Durch vertragliche Regelungen besteht für den Kunden die Möglichkeit der Risikoverteilung. So werden Anreizmechanismen gesetzt, damit Berater/innen nicht opportunistisch handeln.
- *Langfristige Geschäftsbeziehungen:* Da schon Erfahrungen mit den Geschäftspartner/innen vorhanden sind, werden Transaktionskosten gesenkt; opportunistisches Verhalten wird unterbunden, da sonst ein Abbruch der Beziehungen droht.
- *Reputation:* Diese wird durch die Erfahrungen oder Empfehlungen früherer Kunden aufgebaut. Für potenzielle Neukunden ist sie ein zentrales Signal für Kompetenz.
- *Netzwerk von Geschäftsfreundschaften:* Ein Netzwerk, bestehend aus auf Vertrauen basierenden Geschäftsbeziehungen. Für die Berater/innen wird dadurch opportunistisches Verhalten deutlich unattraktiver.

▶ Ergänzung: Erarbeitung der Anreizmechanismen zur Verminderung des Prinzipal-Agenten-Problems (s. Arbeitsblatt unter Abschn. 7.4)

Diese Mechanismen beinhalten verschiedene Implikationen für Mangold Emde & Partner. Die Unternehmensberatung ist noch jung und konnte daher weder eine Reputation noch langfristige Geschäftsbeziehungen aufbauen. Grundsätzlich beruhen die angebotenen Beratungsleistungen auf vertraglichen Regelungen, sodass die Verteilung des Risikos in ausgeglichener Weise erfolgen kann. Demnach sind für Mangold Emde & Partner zum aktuellen Zeitpunkt das Netzwerk und die Geschäftsfreundschaften der beiden Partner die zentralen Mechanismen, um potenzielle Kunden von der Qualität der Beratungsleistung zu überzeugen. Während ihrer vorigen Tätigkeit in einer großen Unternehmensberatung leiteten Herr Mangold und Herr Emde eine große Zahl von Projekten und spezialisierten sich jeweils auf bestimmte Branchen. Durch diese langjährige Erfahrung entwickelten sie einerseits eine hohe Expertise in ihrem Branchenfokus und bauten andererseits viele Geschäftskontakte auf. Das Netzwerk potenzieller Kunden wird für die Akquise neuer Projekte essentiell. Für eine nachhaltige Unternehmensentwicklung bedarf es einer lernfähigen Organisation, die auf Situationsänderungen schnell reagieren kann. Angebotene Beratungsleistungen beispielsweise, die vom Markt nicht angenommen werden, sollten nicht unreflektiert weiter bereitgestellt werden (von der Oelsnitz 2007). Herr Mangold und Herr Emde wollen ihr Unternehmen demnach so ausrichten, dass schnelle Reaktionen auf Veränderungen möglich sind. Bei der strategischen Ausrichtung einer Unternehmensberatung können vier Geschäftsmodelle unterschieden werden: Expertenberatung, Researchberatung, Strategieberatung und Prozessberatung (Heinecke 2002). Mangold Emde & Partner positionieren sich selbst als kleine Boutique mit einer Spezialisierung auf Strategieberatung.

5.4 Unternehmenskultur

Der nächste Abschnitt der Case Study beschäftigt sich mit der Unternehmenskultur und der Rekrutierung neuer Mitarbeiterinnen und Mitarbeiter.

Fragestellung:
Die erste Stellenausschreibung bringt keine geeigneten Kandidat/innen für die Beratung, sodass sie sich umorientieren müssen.
   Wie könnte diese zweite Stellenausschreibung aussehen, um erfahrene Berater/innen an das Unternehmen zu binden?

Ein wichtiger Faktor bei Mangold Emde & Partner ist hierbei ihre ausgefeilte Unternehmenskultur. Dieser Begriff wurde seit Anfang der 1980er-Jahre nicht nur auf gesellschaftlicher Ebene, sondern auch auf unternehmerischer Ebene betrachtet, wodurch sich völlig neue Möglichkeiten für Wissenschaft und Praxis ergaben (Sackmann 2004, S. 23). Die Wirtschaft hatte großes Interesse daran, wie sich diese neuen Erkenntnisse auf ihre Organisationen übertragen ließen, um die eigene Leistung zu steigern. Neben „harten Erfolgsfaktoren wie Strategie und Struktur" einer Organisation konnten sich nun auch die „weichen Faktoren" mit der Unternehmenskultur durchsetzen, wodurch sich die Rolle des Individuums verstärkte (Schmidt 2008, S. 24). Dieses Interesse stieg durch die wachsende globale Vernetzung, die Konzentration von Unternehmen und die hieraus resultierenden Integrationsprobleme. Auch bei dem Versuch, Unternehmenskultur zu definieren, wird deutlich, dass dieser Begriff in der Literatur vielseitig verwendet wird. Osterhold definiert die Eckpfeiler der Unternehmenskultur mit dem Unternehmensprofit, der Kundenzufriedenheit und der Mitarbeiterzufriedenheit (Osterhold 1996, S. 36): Erfolgreiche Unternehmen benötigten die richtige Balance zwischen diesen drei Faktoren. Schmidt sieht die Unternehmenskultur eher als philosophisches, „sinnbezogenes Problemlösungsprogramm, das ein Unternehmen erst zu einem Unternehmen macht" (Schmidt 2008, S. 176).

> **Fragestellung:**
> Was macht im speziellen die Unternehmenskultur von Mangold Emde & Partner aus?
> Wie grenzen sie sich von anderen Beratungen ab, um qualifizierte Mitarbeiter/innen zu akquirieren?

Weitere Themen:

- Externes Wachstum
- Social Capital
- Principal-Agent-Theorie/Klienten-Berater-Beziehung

5.5 Krisenmanagement

Viele Unternehmen sind am Markt erfolgreich und geraten trotzdem in eine Krise. In dieser Situation kann eine Organisation nicht im Normalzustand weiterarbeiten, sondern überschreitet eine Toleranzschwelle, die negative Auswirkungen auf den Geschäftsverlauf hat. Krisen sind also ungewollte Prozesse von begrenzter Dauer und Beeinflussbarkeit sowie ungewissem Ausgang (Töpfer 1999). Probleme

5.5 Krisenmanagement

können beispielsweise durch externe Einflüsse wie Wettbewerbsaktivitäten und Gesetzesänderungen entstehen, aber auch aufgrund von Managementfehlern, Irrtümern oder Versäumnissen direkt im Unternehmen auftreten (Hauschildt 2006). Solch eine Situation lässt sich sehr gut mit einer Metapher beschreiben: Wie bei einer Ampel springt das Licht vom Normalzustand Grün auf den kritischen Zustand Gelb, um dann auf Rot als Ausnahmezustand zu gelangen. Die Entwicklung verläuft je nach Ereignis mehr oder weniger schnell. Beim Krisenmanagement gibt es eine bestimmte Zielhierarchie: Die Hauptaktivität besteht darin, potenzielle Krisenfelder zu identifizieren und diese für die Zukunft auszuschließen. Können diese nicht ausgeschlossen werden, müssen alle Mittel zur Abwendung einer sich anbahnenden Krise konzentriert werden. Kann die Krise nicht abgewendet werden, dann muss sich die Organisation auf den Kriseneintritt vorbereiten und versuchen, daraus entstehende Folgen zu minimieren.

Desweitern kann bei Krisen zwischen *vorhersehbaren* und *nicht vorhersehbaren* Situationen unterschieden werden. Krisen, die *nicht vorhersehbar* sind, lassen sich in *sachlicher* und *zeitlicher* Hinsicht unterscheiden (Abb. 5.3). Sachlich nicht

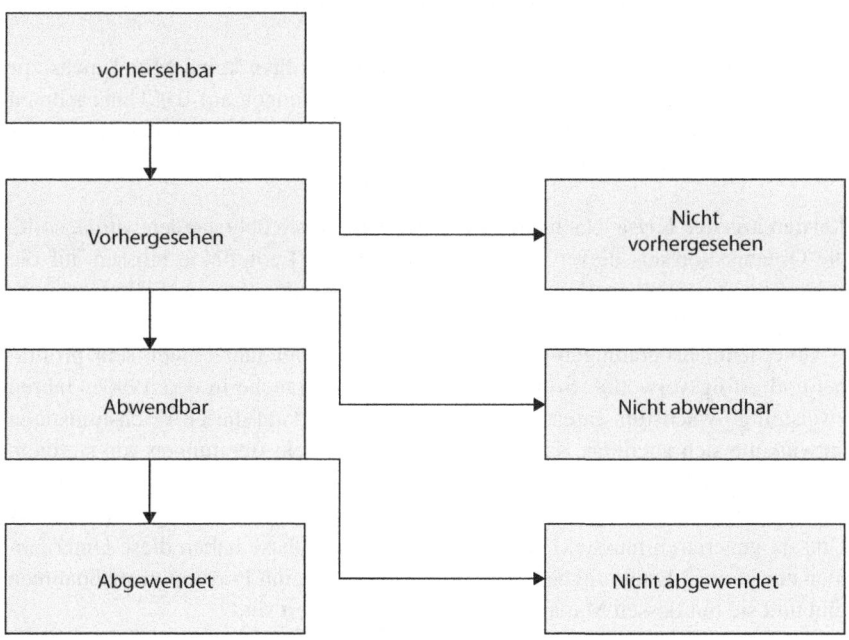

Abb. 5.3 Endogenisierung exogener Variablen. Quelle: Töpfer 1999

vorhersehbare Krisen liegen gegenwärtig noch nicht im Blickfeld der Organisation. Zeitlich nicht vorhersehbare Krisen sind zwar auf dem Radar der Akteure, der Zeitpunkt ihres Eintritts ist aber ungewiss, sodass sie nicht abwendbar sind (Töpfer 1999). Abwendbare Krisen werden rechtzeitig im Vorfeld erkannt, um dann entsprechende Gegenmaßnahmen ergreifen zu können. Ziel ist dabei, in Zukunft nicht vorhersehbare Krisen zu vorhersehbaren zu machen. Das Krisenmanagement eines Unternehmens deckt demnach nicht nur Aktivitäten der Krisenbewältigung, sondern auch der Krisenvorsorge und das Lernen aus der Krise ab (Hauschildt 2006).

Krisenprävention Um das Eintreten einer Krise zu verhindern, bedarf es verschiedener Maßnahmen. Aufgabe des Unternehmens besteht hierbei darin, potenzielle Krisenfelder zu erkennen, um zukünftig passend darauf reagieren zu können. Sodann können vorher bestimmte Instrumente zur Krisenvermeidung eingesetzt werden. Wenn die Krise als vermeidbar eingestuft wird, dann müssen alle Ressourcen eingesetzt werden, um den Ausbruch der Krise zu verhindern. Wenn nach dem Erkennen eines Krisenfeldes diese nicht mehr vermeidbar ist, dann müssen alle Kräfte auf die Krisenbewältigung konzentriert werden.

Krisenbewältigung Nach dem Eintritt einer Krise sollten keine Mittel mehr zur Krisenprävention eingesetzt werden, da die Auswirkungen auf das Unternehmen sonst nicht adäquat begrenzt werden können. Das Ausmaß und die Zeitdauer einer Krise sind somit durch das Unternehmen beeinflussbar.

Lernen aus der Krise Nachdem eine Krise erfolgreich überstanden wurde, sollte die Organisation aus dieser Situation lernen. Diese Lerneffekte müssen auf die zukünftige Krisenprävention übertragen werden, damit solch ein Fall nicht mehr eintritt (Töpfer 1999).

Unternehmensberatungen waren in den letzten zwei Jahrzehnten sehr profitabel und erfolgsverwöhnt. So konnte die Beratungsbranche in den 1990er-Jahren zweistellige Wachstumsraten verzeichnen. Aufbauend auf diesen Wachstumsraten entwickelte sich auch das Karrieresystem, sodass viele Beratungen von stetigem Wachstum abhängig wurden. Nach einer gewissen Zeit musste den Berater/innen ein Aufstieg in der Hierarchie geboten werden, wofür man allerdings wieder mehr Umsatz generieren musste. Durch die lange Erfolgsphase haben diese Unternehmen nur geringe Erfahrungen mit Krisen, sodass es kaum Präventionsmaßnahmen gibt und sie mit dessen Management häufig überfordert sind.

5.5 Krisenmanagement

Aufgabenstellung:

Die Bearbeitenden sollen die Krise von Mangold Emde & Partner analysieren und bewerten. Was für eine Art Krise ist es? War sie vorhersehbar? Wäre sie vermeidbar gewesen? Diese und ähnliche Fragen sollen in einer gemeinsamen Diskussion bearbeitet werden. In einem zweiten Schritt folgt die Hauptarbeit. In Gruppenarbeit über mehrere Wochen sollen die gewonnen Informationen aus der Diskussion genutzt werden, um einen Krisenmanagementplan und mögliche Lösungsvorschläge zu erarbeiten. Den Bearbeitenden wird die Grundlagenliteratur zur Verfügung gestellt, die sie aber noch durch eine eigene Recherche ergänzen sollen. Diese Lösungsvorschläge werden dann in einer Abschlusspräsentation vorgestellt.

Wie kann nun Herr Mangold die Krise in seinem Unternehmen lösen?

Ablauf 6

6.1 Lernaktivitäten

Eine Übersicht über die Lernaktivitäten im Hinblick auf Zeit und Inhalt bietet die Abb. 6.1.

6.2 Zeitplan

Der Zeitplan gliedert sich in die Phase 1 „Kick-off" (Abb. 6.2), Phase 2 „Selbststudium" (Abb. 6.3 und Abb. 6.4) und Phase 3 „Präsentation der Ergebnisse" (Abb. 6.5).

	Inhalt	Zeit in h
1. Einführung in das Thema durch den Dozenten/Kick-off	**Was ist eine Fallstudie?** Austeilen einer kurzen Fallstudie – lesen Gemeinsame Erarbeitung eines Themenfeldes	1
	Vorstellung der Themenbereiche anhand der Fallstudie: • Entrepreneurship • Professionelle Dienstleistungsunternehmen • Branchenanalyse und Wettbewerb • Strategieentwicklung • Social Capital • Principal Agent Theory • Beziehungsmanagement in der Beratung • Krisenmanagement	1
	Themenvergabe je nach Größe der Gruppe 1-2 Bearbeitende pro Thema, 15-20-seitige Hausarbeit	0,5
	Einführung ins wissenschaftliche Arbeiten • Forschungsfrage • Strukturierung der Arbeit • Literaturrecherche	1,5
Stunden gesamt		4
2. Selbststudium und Erstellung der Hausarbeit mit mehreren Feedbackschleifen durch den Dozenten	Lesen des Falles und Erfassen des „Status quo"	15
	Verständnis aufbauen für den Kontext und Problemdefinition	15
	• Erstellen einer Gliederung (2 Wochen) • Ausarbeitung einer Fragestellung • Literaturrecherche • Feedback vom Dozenten einholen	30
	• Erarbeitung der Hausarbeit auf Basis der Gliederung (4 Wochen) • empirische Basis bildet hierbei die Fallstudie • Feedback vom Dozenten für die Hausarbeiten	50
	Erstellen einer Präsentation (2 Wochen)	20
Stunden gesamt		130
3. Präsentation der Ergebnisse	• Bearbeitende stellen ihre Arbeiten vor und diskutieren diese • Leitung der Diskussion durch den/die Bearbeitenden • Themenfelder die nicht durch Präsentationen abgedeckt sind, übernimmt der/die Dozent/in • Erarbeiten erfolgt durch Interaktion mit den Bearbeitenden	16 / 2 Tage
4. Evaluation und Feedback	Per E-Mail oder persönlich	

Abb. 6.1 Lernaktivitäten

Phase 1: Kick-off	
Kurzbeschreibung	Da die Bearbeitenden unterschiedliche Erfahrungen mit Themen wie beispielsweise Entrepreneurship oder strategische Positionierung haben, wird der zeitliche Aufwand für die Kick-off-Veranstaltung variieren. Hier sollen Grundlagen vermittelt werden, damit die Bearbeitenden die Themenstellungen selbständig bearbeiten können. Außerdem wird die Case-Study-Arbeit anhand eines Beispiels vorgestellt und es gibt eine kurze Einführung ins wissenschaftliche Arbeiten.
Lernziele	Einordnen des Kenntnisstandes Richtiges wissenschaftliches Arbeiten
Methodik	Vorlesung
Kommunikationsmedium	Direkte Fragen an die/den Dozierende/n
Aufgaben	Bearbeiten einer kleinen Case Study, um diese Methodik kennen zu lernen
Lernmaterialen	Case-Study-Unterlagen, ergänzende Literatur

Abb. 6.2 Phase 1

Phase 2: Selbststudium	
Lernziele	Selbständiges Vertiefen eines Themas Schwerpunkte bei der Stoffausrichtung setzen und ein Grundverständnis für das Themenfeld entwickeln Anwendung eines Theoretischen Themas auf die Fallstudie Wissenschaftliches Arbeiten Lernergebnis absichern Stoff ergänzen
Themen zur Bearbeitung:	
Gründungsmanagement	
1. Kreative Zerstörung – Entrepreneur als zerstörerische Kraft (15. Juni 2012)	• Schumpeter, J.A. (1911) Theorie der wirtschaftlichen Entwicklung (Nachdruck der Erstausgabe). Duncker & Humblot, Berlin • Schumpeter, J.A. (2005) Kapitalismus, Sozialismus und Demokratie (Aufl. 8.). Franke, Tübingen
2. Psychologische Determinanten von Entrepreneurship (15. Juni 2012)	• Shane, S., Locke, E. A., Collins, C. J. (2003) Entrepreneurial motivation. Human Resource Management Review 113, 2: 257-279. • Zhao, H., Seibert, S. E. (2006) The Big-Five Personality Dimensions and Entrepreneurial Status: A Meta-Analytical Review. Journal of Applied Psychology 91: 259–271
3. Professionelle Dienstleistungs- unternehmen (15. Juni 2012)	• Løwendahl, B. (2005) Strategic Management of Professional Service Firms (3rd ed.). Copenhagen Business School Press, Copenhagen • Von Nordenflycht, A. (2010) What is a professional service firm? Toward a Theory and Taxonomy of Knowledge- intensive Firms. Academy of Management Review 35: 155–174
Strategische Positionierung und Wachstum	
Branchenanalyse (15. Juni 2012)	• Porter, M. E. (1980) Competitive Strategy: Techniques for Analyzing Industries and Competitors. Free Press, New York • Grant, R. M., Nippa, M. (2006) Strategisches Management. Blackwell Publishing, Oxford

Abb. 6.3 Phase 2 (Teil 1)

Strategische Entwicklung von Professionellen Dienstleistungsunternehmen (16. Juni 2012)	• Heusinkveld, S., Benders, J., van den Berg, R.-J. (2012). New practice development in professional service firms: The role of market sensing. In: Reihlen, M., Werr, A. (Hrsg.), Handbook of Research on Entrepreneurship in Professional Services. Edward Elgar, Cheltenham • Kaiser, S., Ringlstetter, M. (2011) Strategic Management of Professional Service Firms – Theory and Practice. Springer, Heidelberg • Løwendhal, B. (2005) Strategic Management of Professional Service Firms. (3. Aufl.). Copenhagen Business School Press, Copenhagen
Social Capital (16. Juni 2012)	• Maurer, I., Ebers, M. (2006) Dynamics of Social Capital and Their Performance Implications: Lessons from Biotechnology Start-ups. Administrative Science Quarterly 51: 262–292 • Maurer, I. (2003) Soziales Kapital als Erfolgsfaktor junger Unternehmen. Westdeutscher Verlag, Wiesbaden. • Burt, R. S. (2000) The Network Structure of Social Capital. Organizational Behaviour 22: 345-423
Anwendung der Principal Agent Theory auf Professionelle Dienstleistungsunternehmen (16. Juni 2012)	• Sharma, A. (1997) Professional as an agent: Knowledge asymmetry in agency exchange. Academy of Management Review 22: 758–798 • Kieser, A., & Ebers, M. (2006) Organisationstheorien. Kohlhammer, Stuttgart • Saam, N. J. (2002) Prinzipale, Agenten und Macht. Mohr, Tübingen
Die Klienten-Berater-Beziehung (16. Juni 2012)	• Kauffeld, S., Jonas, E., Schneider, H. (2009) Strategisches Verhalten in der Berater-Klienten-Interaktion. In: Möller, H., Hausinger, B. (Hrsg.) Quo vadis Beratungswissenschaft? Verlag für Sozialwissenschaften, Wiesbaden, S 119-139 • Nikolova, N., Reihlen, M., Schlapfner, J.-F. (2009) Client- consultant interaction: Capturing social practices of professional service production. Scandinavian Journal of Management 25: 289—298
Krisenmanagement	
Krisenmanagement bei Professionellen Dienstleistungsunternehmen, 2 Gruppen (16. Juni 2012)	• Kaiser, S., Ringlstetter, M. (2011) Strategic Management of Professional Service Firms – Theory and Practice. Springer, Heidelberg • Bergauer, A. (2001) Erfolgreiches Krisenmanagement in der Unternehmung. Eine empirische Analyse. Erich Schmidt Verlag, Berlin
Methodik	Einzelarbeit (Selbststudium) + Feedback durch den Dozierenden für die Gliederung und für die Hausarbeit
Kommunikationsmedium	Direkte Fragen an den Dozierenden oder per Email
Aufgaben	Erstellung einer wissenschaftlichen Arbeit
Lernmaterialen	Fallstudienunterlagen, ergänzende Literatur

Abb. 6.4 Phase 2 (Teil 2)

6.2 Zeitplan

Phase 3: Präsentation der Ergebnisse	
Kurzbeschreibung	Zu den Präsenztagen stellen die Bearbeitenden ihre Ergebnisse zu den jeweiligen Themen vor. Die Ergebnisse werden im Plenum diskutiert und zu einem Gesamtbild zusammengeführt.
Lernziele	• Präsentieren üben Praxiserfahrungen austauschen • Einordnung der verschiedenen Themen
Methodik	Vorlesung
Kommunikationsmedium	Classroomwork
Aufgaben	Aktive Teilnahme
Lernmaterialen	Case-Study-Unterlagen, ergänzende Literatur

Abb. 6.5 Phase 3

Arbeitsblätter 7

7.1 Erstellung eines Businessplans

Die Bearbeitenden sollen in Kleingruppen erarbeiten, wie der Businessplan einer Unternehmensberatung aussehen könnte. Dabei sollen sie sich in die Rolle eines Gründers/einer Gründerin hineinversetzen, alle wichtigen Kapitel eines Businessplanes auflisten und besonders auf die strategische Positionierung eingehen. Im Anschluss daran soll jede Gruppe ihre Ideen vor den Anderen präsentieren. Dies soll als Elevator Pitch erfolgen. Jede/r Studierende darf Punkte verteilen, sodass am Ende das beste Projekt gewinnt.

7.2 Szenarien

Den Bearbeitenden werden konkrete Zahlen zu Beispielprojekten und eine Kostenaufstellung zur Verfügung gestellt, mit denen sie verschiedene Szenarien der Beratung durchrechnen können. Hierbei sollen ein Worst, Normal und Best Case beschrieben werden. So bekommen sie ein Gefühl dafür, welche Probleme, Risiken aber auch Chancen bei der Gründung einer Beratung entstehen können.

7.3 Tabelle zur SWOT-Analyse

Anhand der Matrix in Abb. 7.1 kann die eigene Idee überprüft werden. Die Bewertung der folgenden Kriterien mit Schulnoten kann einem Gründer wertvolle Informationen liefern. Die Bearbeitenden sollen in einem ersten Schritt diese Tabelle ausfüllen, um sie dann für eine umfassende SWOT-Analyse zu nutzen.

	Stärken	Schwächen	Chancen	Risiken
Markt				
Geschäftsidee				
Zielgruppe				
Preis				
Kapitalbedarf				
Wettbewerb				
Räumlichkeiten				
Standort				
Persönlichkeit des Gründers				
Kompetenz des Teams				
Mitarbeiter				
Kontakte				
Konjunkturelle und wirtschaftliche Rahmenbedingungen				
Gesetzliche Bestimmungen				

Abb. 7.1 SWOT-Analyse

7.4 Anreizmechanismen zur Verminderung des Prinzipal-Agenten-Problems

Der/die Dozent/in stellt die Bearbeitenden vor das oben beschriebene Problem, wobei sie die Anreizmechanismen in einer Gruppendiskussion erarbeiten müssen. Hierbei kann der/die Dozent/in eine Matrix an die Tafel zeichnen und die Überlegungen der Bearbeitenden den oben aufgeführten Mechanismen zuordnen. Außerdem sollen sie zeigen, welche Maßnahmen von Mangold Emde & Partner ergriffen werden, um diese Problem zu lösen.

Anreizmechanismen:

- *Vertragliche Regelungen*: Durch vertragliche Regelungen besteht für den Kunden die Möglichkeit der Risikoverteilung. So werden Anreizmechanismen gesetzt, damit Berater/innen nicht opportunistisch handeln.
- *Langfristige Geschäftsbeziehungen:* Da schon Erfahrungen mit den Geschäftspartner/innen vorhanden sind, werden Transaktionskosten gesenkt; opportunistisches Verhalten wird unterbunden, da sonst ein Abbruch der Beziehungen droht.

7.4 Anreizmechanismen zur Verminderung des Prinzipal-Agenten-Problems 65

- *Reputation:* Diese wird durch die Erfahrungen oder Empfehlungen früherer Kunden aufgebaut. Für potenzielle Neukunden ist sie ein zentrales Signal für Kompetenz.
- *Netzwerk von Geschäftsfreundschaften:* Ein Netzwerk, bestehend aus auf Vertrauen basierenden Geschäftsbeziehungen. Für die Berater/innen wird dadurch opportunistisches Verhalten deutlich unattraktiver.

Anhänge

8.1 Anhang 1: Material zu Mangold Emde & Partner

Vorstellung der beiden Partner

Frank Mangold Studierte Maschinenbau in Hamburg. Ab 1997 arbeitete er als Unternehmensberater mit Stationen in Europa und den USA. Zuletzt war er Manager bei einer großen Beratung. Er ist 40 Jahre alt und lebt mit seiner Frau und seinen zwei Kindern in Hamburg. Kollegen beschreiben ihn eher als zurückhaltend, sehr strategisch denkend und einfühlsam. Er überdenkt verschiedene Möglichkeiten bis ins kleinste Detail bis er die optimale Lösung gefunden hat. Er hat sich im Laufe der Jahre auf den Bereich Versicherungen spezialisiert. Seine Hobbys sind Klettern und Segeln.

> „Frank Mangold ist ein sehr ausgeglichener, positiver Mensch. Er hat eine Familie mit zwei Kindern und ein Haus in Rissen. Er ist ein ruhender, positiver Pol."

Michael Emde Studierte Mathematik in München, London und Berlin und ist seit 1996 Berater. Nach seinen ersten Erfahrungen bei einer Unternehmensberatung war er für das Asiengeschäft einer großen deutschen Beratungsfirma tätig. Weitere Stationen seiner Kariere verbrachte er in Argentinien und den USA bevor er nach Deutschland zurückkehrte. Bei seinem letzten Arbeitgeber, einer großen Beratung, war er Manager. Mittlerweile ist er 42 Jahre alt und lebt mit seiner Familie in Hamburg. Sein größtes Hobby sind seine drei Kinder. Er ist sehr impulsiv und ein großer Querdenker. Getreu dem Motto „Stillstand bedeutet einen Rückschritt" befindet sich bei ihm immer alles in Bewegung. Sein Branchenschwerpunkt liegt im Bereich der Energiewirtschaft. Seine Hobbys sind Fallschirmspringen und Motorradfahren. Ein Berater beschreibt Michael Emde folgendermaßen:

„Michael Emde ist super extrovertiert und auch sehr volatil – also entweder himmelhoch jauchzend oder zu Tode betrübt. Er war immer ein Vulkan, bei dem man nicht wusste, wann er das nächste Mal ausbricht. Die Kollegen bezeichnen ihn als Brandstifter, der das Unternehmen stetig voran bringen möchte. Das ist Segen und Fluch zugleich."

Informationen zu den Kompetenzen von Mangold Emde und Partner finden sich in Abb. 8.1, zum Klienten- und Beraternetzwerk in Abb. 8.2, eine Liste von Projekten und ehemaligen Kunden in Abb. 8.3 sowie Zahlen aus dem Businessplan für das erste Jahr in Abb. 8.4. Die Abb. 8.5 gibt eine Stellenanzeige von Mangold Emde & Partner wieder.

Die Abb. 8.6 zeigt das Organigramm von Mangold Emde & Partner, Abb. 8.7 gibt die Umsatzentwicklung von Mangold Emde & Partner wieder.

Themenfeld	Kompetenz von Mangold Emde & Partner	Kommentar
Strategieentwicklung		Schwerpunkt Strategieberatung
Organisationsentwicklung		Integrativer Ansatz
Mergers & Acquisition		Verbunden mit Strategiekompetenz
Markt und Wettbewerbsanalysen		Industrie-Know-how
Benchmarking		Hohe methodische Kompetenz erforderlich
Projektmanagement, -leitung und -steuerung		Schwerpunkt der Projektarbeit zu vielen inhaltlichen Fragestellungen
Kommunikation		Erfahrung im Energiekontext seit der Marktöffnung
Controlling		Kompetenz abhängig von Fragestellung
Integrations- und Changemanagement		Seniorität, integrativer Ansatz

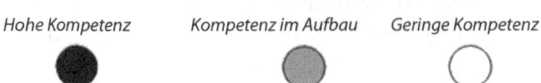

Abb. 8.1 Kompetenzen von Mangold Emde und Partner

8.1 Anhang 1: Material zu Mangold Emde & Partner

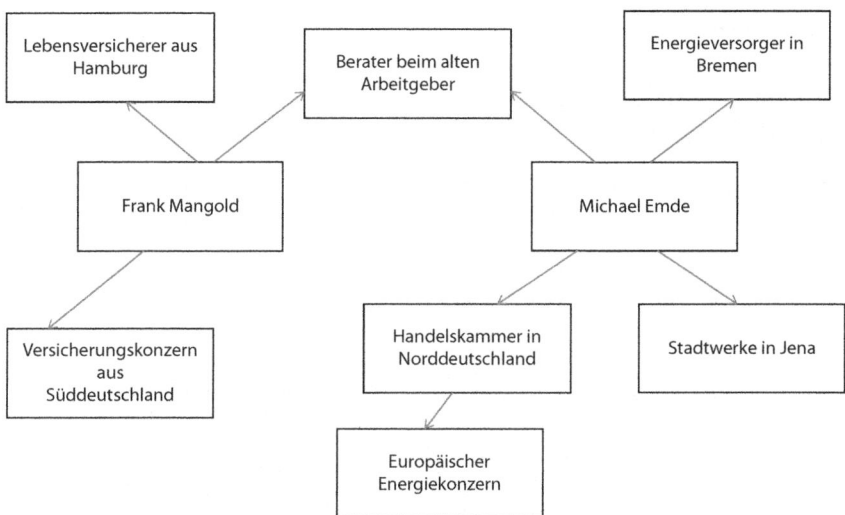

Abb. 8.2 Klienten- und Beraternetzwerk

	Art des Projektes	Projektdauer	Beratungsumfang	Standort
Energiebranche				
Energieversorger in Bremen	Realisierung eines Großprojektes im Bereich Infrastruktur	14 Monate	2-7 Beratertage pro Woche je nach Phase	Bremen, Bremerhaven
Nordeuropäischer Energiekonzern	Markenüberführung von einem lokalen Energieversorger in einen Konzern erfordert eine komplexe Abstimmung zwischen drei Kommunikationseinheiten und den Business Units	10 Monate	3-4 Beratertage pro Woche	Hamburg, Berlin
Versicherungsbranche				
Krankenversicherer aus Düsseldorf	Professionalisierung der aktiven Bestandsmanagementprozesse	5 Monate	3-4 Beratertage pro Woche	Düsseldorf, Köln
Top 5 Lebensversicherer in Deutschland	Im Rahmen der strategischen Ausrichtung des Gesamtkonzerns die „Strategie Leben" erarbeiten	8 Monate	5 Beratertage pro Woche	Hamburg

Abb. 8.3 Liste von Projekten und ehemaligen Kunden

Voriges Einkommen der Gründer pro Jahr	120.000 €
Honorar eines Beraters von Mangold Emde & Partner	1.500 €/Tag
Anfangsausstattung (Büromöbel, Computer, Homepage, etc.)	25.000 €
Miete für 3 Büros	50.000 €/Jahr
Reisekosten	je nach Projekt
Versicherung	5.000 €/ Jahr
Personalkosten (Officemanagerin in den ersten Jahren)	30.000 €/ Jahr
Sonstige Kosten (Zinsen, Dienstwagen,...)	4.000 €/ Jahr
Kredit bei der Bank	100.000 € mit eine Prozentsatz von 6% und einer Laufzeit von 10 Jahren
Spareinlagen der Gründer	40.000 €

Abb. 8.4 Zahlen aus dem Businessplan für das erste Jahr

8.2 Anhang 2: Eigenschaften eines Entrepreneurs/einer Entrepreneurin

Leistungsmotivation Leistungsmotivierte Menschen wollen demnach Probleme eigenständig und nicht durch Dritte oder durch Zufall lösen. Sie denken langfristig und ganzheitlich, um stets Alternativen vor Augen zu haben und den Überblick zu behalten.

Kontrollüberzeugung Personen mit einer starken internalisierten Kontrollüberzeugung glauben, dass ihre eigenen Handlungen die Ereignisse unmittelbar beeinflussen. Erfolgreichen Unternehmern wird diese internale Kontrollüberzeugung zugeschrieben, denn sie glauben an sich selbst und sind davon überzeugt, dass ihre Handlungen die unternehmerischen Aufgaben beeinflussen.

Unabhängigkeitsstreben Für einige Unternehmensgründer/innen ist das Unabhängigkeitsstreben bzw. die Selbstverwirklichung der ausschlaggebende Faktor bei der Entscheidung sich selbständig zu machen. Sie wollen sich entfalten und ihre eigenen Ideen und Wertvorstellungen umsetzen. Des Weiteren wollen sie selbst über Handlungs- und Entscheidungsfreiheit verfügen.

8.2 Anhang 2: Eigenschaften eines Entrepreneurs/einer Entrepreneurin

Hamburger Abendblatt 15.4.2007

MANGOLD EMDE & PARTNER

Wir sind eine junge Hamburger Unternehmensberatung, die durch ihre Kompetenz, ihre Professionalität und Dynamik überzeugt. Gemeinsam mit unseren Klienten aus der Versicherungs- und Energiebranche schaffen wir im Bereich Strategie innovative und intelligente Lösungen. Neben spannenden Projekten bieten wir eine inspirierende Unternehmenskultur, sodass jeder einzelne Mitarbeiter Raum bekommt, um seine persönlichen Stärken zu entwickeln.

Werden Sie Teil dieses Teams!

Wir suchen für Mangold Emde & Partner in dem Bereich Strategie einen Young Professional / Consultant (m/w)

Ihre Aufgaben:

Im Rahmen unserer Strategieprojekte beschäftigen wir uns mit Merger & Akquisition, Wachstumsstrategien oder Produkteinführungen. Ihre Aufgabe besteht in der lösungsorientierten Konzeption und Umsetzungsbegleitung beim Kunden. Sie werden von Anfang an in ein Projektteam integriert und übernehmen interessante sowie anspruchsvolle Aufgaben. Als Consultant lernen Sie on-the-job von erfahrenen Kolleginnen und Kollegen.

Ihr Profil:

Die Lösung anspruchsvollster Aufgaben setzt ausgezeichnete Mitarbeiter/innen voraus. Daher sind folgende Qualifikationen erforderlich:

- Überdurchschnittlicher Hochschulabschluss der Wirtschaftswissenschaften, der (Wirtschafts-) Informatik, der (Wirtschafts-) Mathematik oder des Wirtschaftsingenieurwesens.
- Erste Arbeitserfahrungen, z.B. Praktika
- Ausgeprägte analytische und konzeptionelle Fähigkeiten
- Sehr gute Kommunikationsfähigkeiten und Fremdsprachenkenntnisse (verhandlungssicheres Englisch)
- Ausgeprägte soziale Kompetenz und Teamfähigkeit
- Hohe Eigeninitiative, Einsatz- und Lernbereitschaft
- Auslandserfahrungen, etwa während des Studiums oder über Praktika
- Mobilität

Überzeugen Sie uns mit Ihrer Persönlichkeit und Ihrem Engagement!

Wenn Sie mehr über uns erfahren möchten oder sich vorstellen können, unser Team zu ergänzen, schreiben sie uns bitte unter mangoldemde@partner.de

Wir freuen uns auf Ihre Bewerbung!

Abb. 8.5 Stellenausschreibung

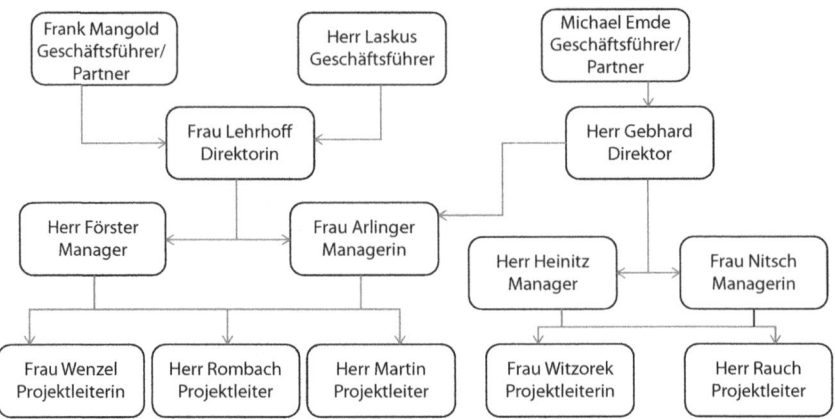

Abb. 8.6 Organigramm von Mangold Emde & Partner 2007

Jahr	2005	2006	2007	2008	2009	2010	2011
Umsatz	35.000 €	180.000 €	600.000 €	1.000.000 €	900.000 €	1.200.000 €	1.200.000 €

Abb. 8.7 Umsatzentwicklung von Mangold Emde & Partner

Risikobereitschaft Die Bereitschaft, ein Risiko einzugehen, wird in zahlreichen Definitionen des Unternehmertums als zentrale Eigenschaft angesehen. Unternehmer/innen sind stärker dazu bereit ein Risiko einzugehen als andere Berufsgruppen.

8.3 Anhang 3: Kritische Ressourcen

Eine Darstellung der kritischen Ressourcen von Unternehmensberatungen findet sich in Abb. 8.8.

8.4 Anhang 4: Fakten und Daten zum Beratungsmarkt

Die Allokation der Eigentumsrechte an den 50 renommiertesten Managementberatungen weltweit zeigt Abb. 8.9.

8.4 Anhang 4: Fakten und Daten zum Beratungsmarkt

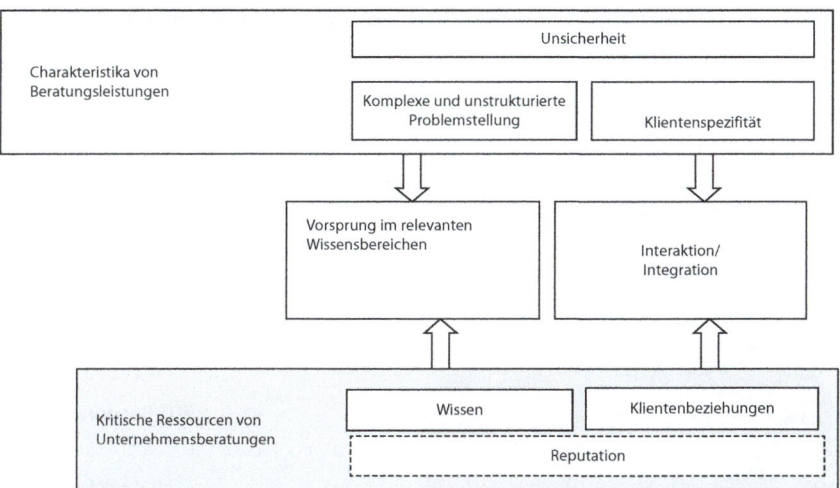

Abb. 8.8 Kritische Ressourcen von Unternehmensberatungen

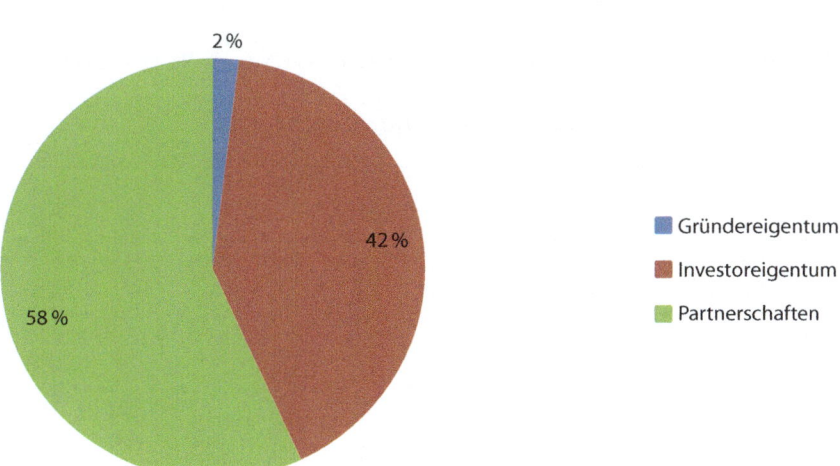

Abb. 8.9 Allokation der Eigentumsrechte an den 50 renommiertesten Managementberatungen. Quelle: nach Lerner 2003

8.4.1 Aufteilung des deutschen Gesamtmarktes nach Beratungsfeldern

Die Beratungsfelder des deutschen Gesamtmarktes sind in Abb. 8.10 dargestellt. Die Entwicklung des Umsatzes in der deutschen Beratungsbranche zeigt Abb. 8.11.

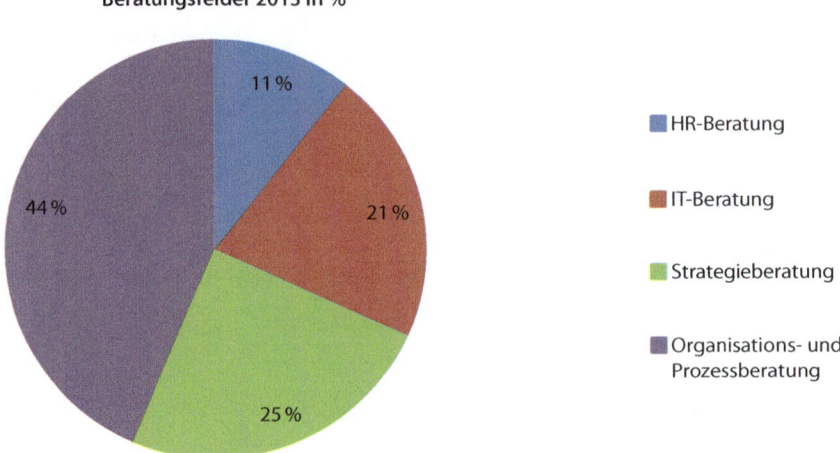

Abb. 8.10 Beratungsfelder des deutschen Gesamtmarktes sind in dargestellt. Quelle: BDU 2014

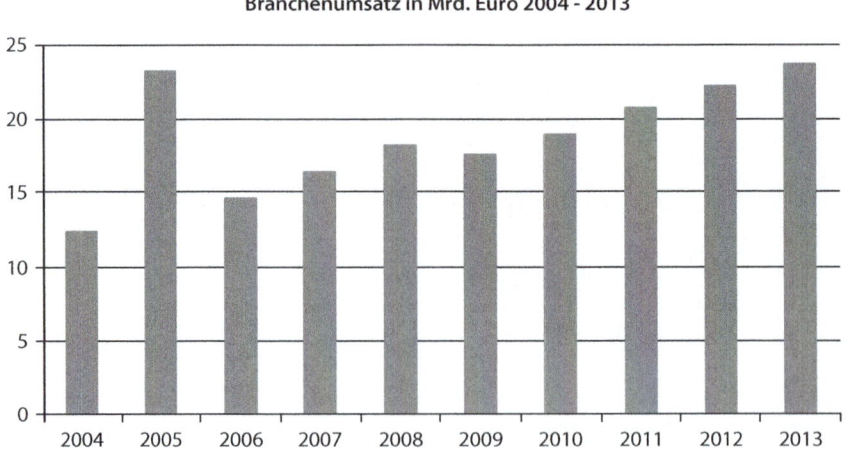

Abb. 8.11 Entwicklung des Umsatzes in der deutschen Beratungsbranche in Mrd. €. Quelle: BDU 2014

8.4 Anhang 4: Fakten und Daten zum Beratungsmarkt

Jahresumsatz in €	Ab 45 Mio.	15 – 45 Mio.	5 – 15 Mio.	2,5 – 5 Mio.	1 – 2,5 Mio.	500T – 1 Mio.	250T – 500T	Unter 250T	Gesamt-markt
Anzahl Unternehmen	150	200	250	600	1.700	1.800	2.800	7.800	15.300
Anzahl Mitarbeiter	39.000	10.500	5.750	10.250	17.000	12.500	11.500	16.000	122.500
Umsatz in Mrd. €	10,20	2,57	1,39	1,92	2,66	1,85	1,54	1,58	23,70
Marktanteil in %	43,2	10,8	5,8	8,0	11,2	7,8	6,5	6,7	100%

Abb. 8.12 Wichtige Kennzahlen der Unternehmensberatungen in Deutschland. Quelle: BDU 2014

Wichtige Kennzahlen der Unternehmensberatungen in Deutschland sind in Abb. 8.12 aufgelistet.

8.4.2 Die größten Beratungen in Deutschland

Einen Überblick über die Top 10-Managementberatungen in Deutschland zeigt Abb. 8.13.

	Gesamtumsatz in Mio. €		Mitarbeiter/innenzahl gesamt	
	2013	2012	2013	2012
Roland Berger Strategy Consultants Holding GmbH München	750,0	765,0	2.700	2.800
zeb.rolfes.schierenbeck.associates GmbH, Münster	169,0	143,0	844	734
Simon-Kucher & Partners GmbH, Bonn	152,0	145,0	680	620
Kienbaum (Unternehmensgruppe), Gummersbach	112,0	115,0	710	720
Horváth AG (Horváth & Partners-Gruppe), Stuttgart	105,5	99,0	483	415
KPS AG, München	97,0	61,9	171	153
Q_Perior AG, München	90,0	82,0	425	422
Porsche Consulting Gruppe, Bietigheim-Bissingen	85,0	83,5	360	350
d-fine GmbH, Frankfurt a.M.	82,0	78,1	471	410
goetzpartners Group, München	77,0	62,3	220	192

Abb. 8.13 Die Top 10-Managementberatungen in Deutschland. Quelle: Lündendonk 2014

Eine Zusammenstellung der größten Beratungen in Deutschland zeigt Abb. 8.14.
Die Aufteilung von verarbeitendem Gewerbe und Finanzdienstleistern zeigt die Tabelle in Abb. 8.15.
Eine Übersicht über die Aufteilung des Gesamtmarktes nach Klientenbranchen zeigt die Tabelle in Abb. 8.16.
Die Abb. 8.17 gibt einen Überblick über die Anzahl der Versicherungsunternehmen in Deutschland in den Jahren 1990 bis 2010.

Unternehmen	Umsatz in Deutschland in Mio. €		Mitarbeiter in Deutschland	
	2010	2009	2010	2009
McKinsey & Company Inc., Düsseldorf	>500	>500	2.300	2.300
The Boston Consulting Group GmbH, Düsseldorf/München	444	418	1.620	1.540
Roland Berger Strategy Consultants GmbH, München	406	390	800	800
Oliver Wyman Group, München	255	232	700	600
Booz & Company GmbH, Düsseldorf	245	260	560	595
Steria Mummert Consulting AG, Hamburg	236	234	1.668	1.655
A. T. Kearney GmbH, Düsseldorf	221	196	587	554
Capgemini Consulting, Berlin	214	202	830	845
Deloitte Consulting, Hannover	211	253	1.037	1.108
Bain & Company Germany Inc., München	210	193	500	440

Abb. 8.14 Die größten Beratungen in Deutschland

Verarbeitendes Gewerbe	33,6 %
Fahrzeugbau	13,0 %
Maschinenbau	6,5 %
Chemie/Pharma	5,7 %
Konsumgüterindustrie	5,2 %
Sonstiges Verarbeitendes Gewerbe	3,2 %
Finanzdienstleister	24,2 %
Kreditinstitute	12,5 %
Versicherungen	11,7 %

Abb. 8.15 Aufteilung verarbeitendes Gewerbe und Finanzdienstleister. Quelle: BDU 2014

8.4 Anhang 4: Fakten und Daten zum Beratungsmarkt

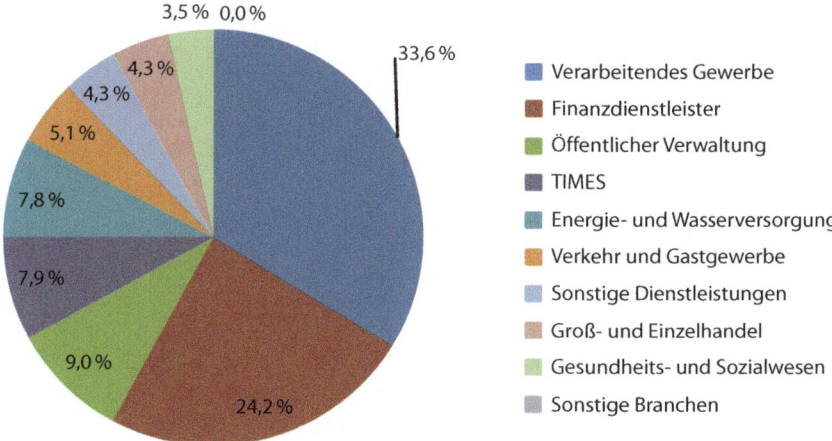

Abb. 8.16 Aufteilung des Gesamtmarktes nach Klientenbranchen. Quelle: BDU 2014

Jahr	Versicherungsunternehmen insgesamt
1990	729
1995	677
2000	659
2002	645
2003	640
2004	633
2005	632
2006	613
2007	609
2008	607
2009	596
2010	582

Abb. 8.17 Anzahl der Versicherungsunternehmen in Deutschland 1990–2010. Quelle: GDV Jahrbuch 2011

Literaturverzeichnis

Barchewitz, Christoph; Armbrüster, Thomas (2004) Unternehmensberatung: Marktmechanismen, Marketing, Auftragsakquisition. Gabler Edition Wissenschaft, Deutscher Universitäts-Verlag, Wiesbaden

Barney, Jay (2015) Firm resources and sustained competitive advantage. International business strategy: theory and practice: 283–301

Bourgeois, Tim; Getchell, C (2000) The Global Consulting Marketplace: Key Data, Forecasts & Trends, Kennedy Information Research Group. Fitzwilliam, New Hampshire.

Boussebaa, Mehdi (2009) Struggling to organize across national borders: The case of global resource management in professional service firms. Human Relations 62: 829–850

Bund Deutscher Unternehmensberater (BDU) e.V. (2014) Facts & Figures zum Beratermarkt 2013; 2014. http://www.bdu.de/media/3976758/facts-figures-2013.pdf. Zugegriffen: 15.02.2016

Bundesministerium für Bildung und Forschung (2007) Bericht zur technologischen Leistungsfähigkeit Deutschlands. Bertelsmann Verlag, Bielefeld

Dowling, Michael (2003) Gründungsmanagement: Vom erfolgreichen Unternehmensstart zu dauerhaftem Wachstum. Springer Verlag, Berlin

Empson, Laura (2001) Fear of exploitation and fear of contamination: Impediments to knowledge transfer in mergers between professional service firms. Human Relations 54(7): 839–862

FEACO (1998-2008) Survey of European Management Consultancy 2009/2010. http://www.valueshore.org/sites/default/files/documentos/reports/Feaco%20Survey%202009-2010_0.pdf. Zugegriffen: 30.01.2016

Gerrig, Richard J; Zimbardo Philip G (2008) Psychologie, 18. Aufl. Pearson Studium, München

Gesamtverband der Deutschen Versicherungswirtschaft (GDV) (2011) Jahrbuch 2011. http://www.gdv.de/2011/11/jahrbuch-der-deutschen-versicherungswirtschaft-2011/. Zugegriffen: 06.01.2016

Grant, Robert M (2005) Contemporary strategy analysis, 5. Aufl. Blackwell Publishing, Malden

Groß, C; Kieser, A (2006) Consultants on the way to professionalization?. Research in the Sociology of Organizations 24: 69–100

Günther, A B (im Erscheinen) Entrepreneurial strategies of professional service firms, an analysis of commercial law firm Spin-offs in Germany.

Heinecke, Hans-Jürgen (2002) Methodische Differenzierung als Geschäftsstrategie – Prozessberatung in der Praxis. In: Mohe, Michael; Heinecke, Hans J; Pfriem, Reinhard (Hrsg) Consulting – Problemlösung als Geschäftsmodell. Klett-Cotta, Stuttgart

Heuermann, Roland; Herrmann, Falk (2003) Unternehmensberatung – Anatomie und Perspektiven einer Dienstleistungselite. Verlag Franz Vahlen, München

Hungenberg, Harald (2011) Strategisches Management in Unternehmen: Ziele – Prozesse – Verfahren, 6. Aufl. Gabler Verlag, Wiesbaden

Kipping, Matthias; Armbrüster, Thomas (1999) The Consultancy Field in Western Europe, CEMP Report No. 6, The University of Reading, Reading, online unter http://www.fek.uu.se/CEMP/pdf-files/cempreport06.PDF. Zugegriffen: 30.01.2016.

Kraus, Sascha; Mohe, Michael (2007) Zur Divergenz ideal- und realypischer Beratungsprozesse. In: Nissen, Volker (Hrsg) Consulting Research, Unternehmensberatung aus wissenschaftlicher Perspektive. Gabler Edition Wissenschaft, Deutscher Universitäts-Verlag, Wiesbaden

Kubr, Milan (1996) Management Consulting. A Guide to the Profession, 3. Auflage. International Labour Office, Genf

Løwendahl, Bente (2005) Strategic Management of Professional Service Firms, 3. Auflage. Copenhagen Business School Press, Kopenhagen

Lünendonk GmbH (2010) Der Markt für Managementberatung: Status quo und Trends. http://www.diwi-forum.de/seiten/kongress/vortraege2010_download/diwi2010_Luenendonk.pdf. Zugegriffen: 11.01.12

Lünendonk GmbH (2014) Studie 2014: Managementberatung in Deutschland. http://luenendonk-shop.de/out/pictures/0/luenendonk_studie_managementberatung_2014_inhalt_f310714_fl.pdf. Zugegriffen: 15.02.2016

Maister, David (1993) Managing the professional service firm. Free press paperbacks, New York

McKenna, Christopher D (2006) The world's newest profession: Management consulting in the twentieth century. Cambridge University Press, Cambridge

Müller-Stewens, Günter; Drolshammer, Jens; Kriegmeier, Jochen (1999) Professional Service Firms – Branchenmerkmale und Gestaltungsfelder des Managements. FAZ-Verlag, Frankfurt am Main.

Nikolova, Natalia; Reihlen, Markus; Schlapfner, Jan-Florian (2009) Client–consultant interaction: Capturing social practices of professional service production. Scandinavian Journal of Management 25 (3): 289–298

Porter, Michael E (1980) Competitive Strategy: Techniques for Analyzing Industries and Competitors. Free Press, New York

Rassam, Clive (1998) The management consultancy industry. In: Sadler, Philip (Hrsg) Management Consultancy – a handbook of best practice. Kogan Page, London

Reihlen, Markus; Smets, Michael; Veit, Andreas (2010) Management Consultancies as institutional Agents: Strategies for Creating and Sustaining Institutional Capital. Schmalenbach Business Review 62 (3) 317–339

Reinhardt, Ingo (2007) Eine neutrale Theorie der Wettbewerbsdominanz. Kölner Wissenschaftsverlag, Köln

Richter, Ansgar (2004) The Changing Balance of Power in the Consulting Market and Its Effects on Consulting Firms. In: Thommen, J-P; Richter A (Hrsg) Management consulting today. Gabler Verlag, Wiesbaden

Ringlstetter, Max; Kaiser, Stephan; Bürger, Bernd (2004) Eine Einführung in die Welt der Professional Service Firms. In: Ringlstetter, Max; Bürger, Bernd; Kaiser, Stephan (Hrsg) Strategien und Management für Professional Service Firms. Wiley-VCH, Weinheim

Ringlstetter, Max; Kaiser, Stephan; Kampe, Tim (2007) Strategische Entwicklung von Unternehmensberatungen – Ein Beitrag aus Sicht der Professional Services Firms Forschung. In: Nissen, Volker (Hrsg) Consulting Research: Unternehmensberatung aus wissenschaftlicher Perspektive. Deutscher Universitäts-Verlag, Wiesbaden

Shane, Scott; Locke, Edwin A; Collins, Christopher J (2003) Entrepreneurial motivation. Human Resource Management Review 13 (2): 257–279

Trend research GmbH (2010) EVU-Berater 2010 – Der Markt für Beratungsleistungen in der Energiewirtschaft, 4. Aufl. Bremen

Von Nordenflycht, Andrew (2010) What is a Professional Service Firm? Towards a Theory and Taxonomy of Knowledge Intensive Firms. Academy of Management Review 35 (1): 155–174

Walger, Gerd; Scheller, Christian (1998) Das Angebot der Unternehmensberatung in Deutschland, Österreich und der Schweiz: Eine empirische Analyse. In: Arbeitsgemeinschaft Qualifikations-Entwicklungs-Management (Hrsg) QUEM-report: Qualifikations-Entwicklungs-Management; Schriften zur Beruflichen Weiterbildung 54. Berlin

Williamson, Oliver E (1975) Markets and Hierarchies: Analysis and Antitrust Implications: a study in the economics of internal organization. Free Press, New York

Wohlgemuth, André C (1995) Professionelle Unternehmensberatung. In: Wohlgemuth, André C; Treichler, Christoph (Hrsg) Unternehmensberatung und Management: Die Partnerschaft zum Erfolg. Versus Verlag, Zürich

Zusätzliche Literatur

Glassman, Alan M; Winograd, Morley A (2005) Public Sector Consultation. In: Greiner, Larry; Poulfelt, Flemming (Hrsg) The Handbook of management consulting: The contemporary consultant. Thomson, Mason

Hauschildt, Jürgen (2006) Entwicklungen in der Krisenforschung. In: Hutzschenreuter, Thomas; Griess-Nega, Torsten (Hrsg) Krisenmanagement, Grundlagen – Strategien – Instrumente. Gabler, Wiesbaden

Hülsmann, Michael (2005) Ad-hoc-Krise – eine begriffliche Annäherung. In: Burmann, Christoph; Freiling, Jörg; Hülsmann, Michael (Hrsg) Management von Ad-hoc-Krisen: Grundlagen – Strategien – Erfolgsfaktoren. Gabler, Wiesbaden

Kaiser, Stephan; Ringlstetter, Max J. (2011) Strategic management of professional service firms: theory and practice. Springer, Berlin

Lerner, Marcy (2003) Vault Guide to the Top 50 Management and Strategy Consulting Firms. Vault, New York

Løwendahl, Bente (2005) Strategic Management of Professional Service Firms, 3. Auflage. Copenhagen Business School Press, Kopenhagen

Lünendonk GmbH (2009) TOP 25 der Managementberatungs-Unternehmen in Deutschland 2010. http://luenendonk.de/wp-content/uploads/2011/05/LUE_MB_2011_f300511.pdf. Zugegriffen: 30.06.2015

Machiavelli, Niccolò (1988) The Prince. Cambridge University Press, Cambridge

Mintzberg, Henry (1979) The structuring of organizations: A synthesis of the research. Prentice Hall, Upper Saddle River, NJ

Ringlstetter, Max; Kaiser, Stephan, Lebenszyklus, organisationaler. In: Schreyögg, Georg; Werder, Axel v. (Hrsg) Handwörterbuch Unternehmensführung und Organisation, 4. Aufl. Schäffer-Poeschel, Stuttgart, S 725–732

Schumpeter, Joseph A (2005) Kapitalismus, Sozialismus und Demokratie, 8. Aufl. UTB für Wissenschaft, Francke, Tübingen

Scott, Marc C (2000) The Professional Service Firm: The Manager's Guide to Maximising Profit and Value. Wiley, Chichester

Töpfer, Armin (1999) Plötzliche Unternehmenskrisen – Gefahr oder Chance? Grundlagen des Krisenmanagement, Praxisfälle, Grundsätze zur Krisenvorsorge. Hermann Luchterhand Verlag, Neuwied

Von Clausewitz, Carl (2008) Vom Kriege. Nikol Verlags-GmbH, Hamburg

The manufacturer's authorised representative in the EU is Springer Nature Customer Service Centre GmbH, Europaplatz 3, 69115 Heidelberg, Germany. If you have any concerns regarding our products, please contact ProductSafety@springernature.com

Printed and bound by CPI Group (UK) Ltd, Croydon, CR0 4YY

25/03/2026

02078186-0007